LIDERANÇA NUA E CRUA

Dados Internacionais de Catalogação na Publicação (CIP)
(Câmara Brasileira do Livro, SP, Brasil)

Mandelli, Livia
Liderança nua e crua : decifrando o lado masculino e feminino de liderar / Livia Mandelli. – Petrópolis, RJ : Vozes, 2015.

Bibliografia
ISBN 978-85-326-4931-7

1. Administração de empresas 2. Equipes no local de trabalho – Desenvolvimento 3. Liderança 4. Líderes 5. Mulheres de negócios 6. Mulheres líderes I. Título. II. Série.

14-12348   CDD-658.4092

Índices para catálogo sistemático:
1. Liderança organizacional : Administração 658.4092

Livia Mandelli

LIDERANÇA NUA E CRUA

*Decifrando o lado masculino
e feminino de liderar*

EDITORA VOZES

Petrópolis

© 2015, Editora Vozes Ltda.
Rua Frei Luís, 100
25689-900 Petrópolis, RJ
www.vozes.com.br
Brasil

Todos os direitos reservados. Nenhuma parte desta obra poderá ser reproduzida ou transmitida por qualquer forma e/ou quaisquer meios (eletrônico ou mecânico, incluindo fotocópia e gravação) ou arquivada em qualquer sistema ou banco de dados sem permissão escrita da editora.

Diretor editorial
Frei Antônio Moser

Editores
Aline dos Santos Carneiro
José Maria da Silva
Lídio Peretti
Marilac Loraine Oleniki

Secretário executivo
João Batista Kreuch

Editoração: Fernando Sergio Olivetti da Rocha
Diagramação: Sandra Bretz
Capa: WM design

ISBN 978-85-326-4931-7

Editado conforme o novo acordo ortográfico.

Este livro foi composto e impresso pela Editora Vozes Ltda.

Agradecimento

QUANDO escrevemos um primeiro livro não podemos deixar de pensar em todas as pessoas que passaram pelas nossas vidas e contribuíram de todas as maneiras possíveis para que a obra fosse realizada. Também não posso deixar de pensar que a partir daqui todos os leitores terão oportunidade de entrar em contato com aquilo que acredito.

Desta maneira, primeiramente preciso deixar a minha gratidão pelas oportunidades de estudo que tive durante a minha vida acadêmica, pela oportunidade em entrar em contato com diversos estudiosos sobre o tema Liderança Feminina que a University of Gloucestershire – Inglaterra – me proporcionou.

Também quero registrar a minha enorme gratidão ao meu pai, Pedro Mandelli, em quem me inspiro diariamente nas minhas construções de pensamento e conduta. Ao longo dos anos ele me ensinou que devemos acreditar em quem somos, investir energia e ter foco naquilo que queremos conquistar. Uma vez disse a ele que queria ser tão inteligente quanto ele é, e ter os mesmos *insights* que ele tem, e a resposta foi: tenha mais de 60 anos, dedique sua vida àquilo que você faz e na minha idade você será muito melhor que eu. A partir deste momento minha vida mudou.

À Maura Mazzeo Zurdo, esposa de meu pai e minha grande amiga, também merece um agradecimento especial, já que sua diretividade e assertividade sempre me trouxeram um pé mais no chão e contribuíram para a minha formação como mulher e profissional, uma inspiração infinita para a realização do meu mestrado, já que acompanhei a dura jornada e conquistas dela ao completar o seu.

Este livro reflete as minhas pesquisas acadêmicas do Mestrado em Liderança feito na Inglaterra; assim, é impossível não mencionar meus agradecimentos às pessoas que estiveram ao meu lado durante minha pesquisa, que entenderam a minha falta de tempo e atenção; quero agradecer imensamente à minha mãe, Neusa do Carmo, por todos os bolos e cafés que sustentaram a minha concentração na construção dos meus pensamentos.

Um quarto agradecimento vai às pessoas que foram alvo de estudo da minha pesquisa, sem a colaboração, paciência e tempo delas eu jamais chegaria onde estou.

Meu último agradecimento é para minha amiga Luciana Quadros Canassa, que me ajudou em finais de semana inacabáveis a colocar as minhas ideias em ordem, a facilitar o meu processo de pensamento, questionando-me em cada vírgula escrita por mim. Sem você, minha querida amiga, o processo de finalização deste livro não teria sido tão gostoso!

Sumário

A autora, 9
   Pedro Mandelli

A obra, 11
   Adriana Fellippelli

Carta da autora, 13

As contribuições do comportamento feminino na liderança, 15

O líder feminino em um cenário contemporâneo, 23

O comportamento do líder feminino, 35

Um líder atual, 41

O gênero feminino nu e cru na organização, 49

Uma visão diferenciada, 53

O líder no divã, 57

   Comportamento masculino, 58

   Comportamento feminino, 74

Agora é com você, 93

A execução do líder feminino, 95

Criando o modelo para a mudança cultural, 103

    Como gerar essa cultura junto a sua equipe?, 104

    Como criar essa cultura junto a seus pares?, 107

Fazendo a diferença junto aos pares e subordinados, 109

Quem está ao seu lado?, 113

O líder andrógino no contexto de mudanças organizacionais, 117

Liderando mudanças na organização, 123

Refletindo... sobre gestão de mudança, 127

Refletindo... sobre a meritocracia, 129

Refletindo... sobre sua equipe, 131

Concluindo – Reflexões sobre carreira, 135

Entendendo o que está acontecendo, 137

Apêndice 1 – A problemática da liderança feminina exercida por mulheres, 141

Apêndice 2 – A caça ao líder andrógino, 151

    Validando a liderança andrógina, por Leonel – CEO Smiles

Referências, 165

A autora

Foi com muita persistência que esta menina – porque para mim será sempre menina – vem conseguindo subir os degraus altos e às vezes maiores do que as nossas pernas, dentro do mundo corporativo. O entendimento e o mapeamento sobre como "funcionam emocionalmente" as organizações e o que faz realmente a diferença não é tarefa para amadores; é nesse sentido que vejo profissionalmente a Livia. Buscou sua formação pelas suas próprias aspirações, mas sempre de maneira obstinada. Uma sempre insatisfeita!

Nunca vou esquecer o dia no qual ela me procurou e salientou que minha aula sobre fundamentos de carreira tinha alguma falha muito forte, pois ela havia feito tudo que eu disse na aula e as boas coisas não aconteciam na carreira dela. Minha resposta foi confirmando sua suspeita, faltava realmente um item na aula que era fazer tudo aquilo, porém por uns dez anos seguidos – ela havia feito tudo em um mês!

Essa persistência, bem maior do que oito horas por dia e todos os dias, é o que a levou à conclusão de seu mestrado na Inglaterra e suas certificações subsequentes que estão parcialmente refletidas neste livro.

Professora e consultora são as suas atuais dedicações e dentro das quais vem se distinguindo muito bem, aliás melhor do que o esperado por mim: uma excelente surpresa! Muitos retornos de todos os nossos clientes sobre o conteúdo que ela passa, as orientações e conselhos e principalmente o carinho que trata cada pessoa.

Professora convidada da Fundação Dom Cabral e sócia da Mandelli & Loriggio e Coach são suas atribuições neste momento.

Feliz da vida porque seu momento chegou, feliz da vida porque olha para trás e vê que a vida mudou e valeu a pena, feliz da vida porque achou um caminho largo, e eu mais feliz ainda porque minha aula estava certa!

Livia, uma pessoa inteira, bem-humorada, profissional, didática e inseparável enquanto filha, amiga e confidente!

Pedro Mandelli

A obra

O LIVRO traz uma reflexão sobre a história da liderança feminina, revelando aspectos essenciais de sua origem e herança cultural. Tal contextualização permite expandir a consciência sobre conceitos que passariam despercebidos, a princípio. Questões veladas, como agressividade, força e independência são sutilmente iluminadas por Livia, em uma escrita perspicaz e lúcida.

Como a liderança feminina impacta os resultados do negócio?

A partir de uma revisão bibliográfica minuciosa é possível compreender quais são os grandes legados da mulher às organizações: a promoção de mudanças culturais e o equilíbrio entre pessoas e resultados. A intrapessoalidade se torna, pois, uma ferramenta poderosa no mundo corporativo.

A maneira clara e objetiva que conduz a narrativa facilita a elucidação de conceitos importantes. Ao mesmo tempo, Livia promove uma visão prática de como utilizar ao máximo as principais competências relativas ao sucesso nas organizações.

Uma proposta audaciosa se consolida ao longo do livro, sugerindo a confluência harmônica entre as habilidades pertencentes a ambos os gêneros. A androginia da liderança esboça o sucesso no futuro das relações de trabalho.

As pesquisas com líderes femininas apontam a sincronicidade: discursos uniformes e arquetípicos. Ao terminar a leitura, parece que a resposta estava à nossa frente o tempo todo. Por várias vezes senti na pele os aspectos citados dos traços femininos na liderança e suas implicações tanto para o bem quanto para o mal.

O texto flui através de uma organização das raízes históricas primeiro, para depois oferecer inúmeras possibilidades vitoriosas para o futuro. Posso dizer que é um livro indispensável para mulheres e homens que buscam uma visão inovadora e audaciosa de liderança.

Lívia nos traz, ainda, uma delicada questão: Como o engajamento pode ser sustentável, quando a liderança é míope e exagerada?

A sociedade tem vivido uma transformação de papéis vertiginosa. Essas mudanças afetam o formato das famílias e reverberam em todos os âmbitos da existência. Em tempos de repensar as atuações pessoais e profissionais, devemos refletir sobre novas formas de criar os vínculos. Assim, aproveitando a complementaridade entre o masculino e feminino, desta forma será possível exercer com maestria nossas competências.

Este livro ilumina questões que nunca deveriam ser silenciadas.

Adriana Fellipelli

Carta da autora

A IDEIA em fazer este livro surgiu após incansáveis três anos de um mestrado em Liderança que fiz na University of Gloucestershire, na Inglaterra. Durante esses anos trabalhei no desenvolvimento de times de alta *performance* em empresas no mesmo país e comecei a me questionar sobre a postura comportamental das líderes que eu encontrava pelo meu caminho.

Comecei a colocar uma atenção especial na forma como estas se comportavam nos relacionamentos diários com seus pares, superiores e subordinados, e percebi que havia uma certa discrepância quando eu observava o comportamento de homens líderes.

Foi a partir desta percepção que comecei a entrar de cabeça na teoria que definia os estereótipos femininos e masculinos de liderança. A minha sorte foi poder estar em contato com estes líderes e observar na prática tudo aquilo que eu lia na literatura disponível na Europa a este respeito.

Em minha tese de mestrado decidi estudar esses comportamentos em ambiente brasileiro e durante um ano observei e entrevistei diversas líderes e seus subordinados para validar aquilo que eu havia estudado, e foi a partir de então que surgiu a ideia em compartilhar estes achados e analisá-los no ambiente corporativo brasileiro.

Algo importante é que não sou uma feminista, mas uma observadora e defensora daquilo que a feminilidade pode contribuir com o mundo das organizações.

As mulheres mais do que nunca estão adentrando as organizações e conseguindo seus espaços em posições de liderança e sabemos que, com elas na direção, as empresas já não são as mesmas.

Nesta década começa uma discussão sobre a importância e relevância dos comportamentos delas nas organizações atuais e, mais que isso, o cenário contemporâneo pede por uma feminilização das organizações, numa mescla de comportamentos essencialmente masculinos e femininos. O segredo disso tudo é um comportamento consciente de tudo junto e misturado.

Este não é um livro para ser esquecido no fundo da gaveta, mas o ponto inicial para uma conscientização rotineira sobre a liderança.

Eu te convido a entrar nesta jornada de feminilização das organizações de mente aberta, pronto para um novo olhar sobre o comportamento das pessoas.

Boa leitura!

As contribuições do comportamento feminino na liderança

> *Encontra-se raramente na mulher um gosto pela aventura, pela experiência gratuita, uma curiosidade desinteressada; ela procura fazer carreira como outros constroem uma felicidade; permanece dominada, investida pelo universo masculino, não tem audácia de quebrar o teto, se perde com paixão em seus projetos; considera sua vida ainda como uma empresa eminente: não visa um objeto e, sim, através de um objeto, seu êxito subjetivo* (BEAUVOIR, 1999, p. 471).

VAMOS começar a nossa conversa explorando o papel da mulher e sua evolução na história, para que em capítulos seguintes, a partir dos entendimentos básicos, possamos focar na liderança feminina em si.

Todos sabemos que o mundo corporativo tem se desenvolvido nas últimas décadas no Brasil, e os pontos fortes da liderança feminina têm sido muito discutidos devido ao incômodo que as mulheres sentem consciente ou inconscientemente quando estão em posição de liderança. Os pontos relevantes desta discussão são os diferenciais das relações com seus pares, superiores e subordinados. Além disso, é evidente que aqueles que exercem uma liderança mais feminina ainda encontram dificuldades para quebrar as barreiras comportamentais e assim ultrapassar a linha existente entre a feminilidade e a masculinidade na gestão das organizações.

No Brasil, as mulheres são 13,7% do número total de líderes no país. Em 2001, elas eram apenas 6% de acordo com o "Perfil Social, Racial e de Gênero das 500 Maiores Empresas e Ações Afirmativas Suas", pelo Instituto Ethos e Ibope Inteligência, Fundo de Desenvolvimento das Nações Unidas para Mulher (Unifem) e Organização Internacional do Trabalho (OIT). No mesmo estudo há uma previsão de que, em 2035, o número de líderes homens e mulheres vai estar equiparado no Brasil. Assim, se o número de líderes homens e mulheres vai ser o mesmo em um futuro próximo, em primeiro lugar há a necessidade de esclarecer como as mulheres se comportam enquanto líderes e como ajudá-las a alcançar o mesmo *status* de liderança que um líder homem obtém. De acordo com o estudo do Instituto Hudson, o "*Workforce* 2000: Trabalho e Trabalhadores para o século XXI", as mulheres serão as líderes do milênio.

Cada dia mais se evidenciam os reflexos da maneira peculiar de pensar, agir e sentir das mulheres sobre os fenômenos evidenciados na complexidade organizacional. Enfrentando as dificuldades e preconceitos que existiam em tempos remotos, onde em um primeiro momento as atividades exercidas pelas mulheres não eram bem-vistas e muito menos valorizadas, elas eram "destinadas" a cuidar do lar. Infelizmente esse tipo de pensamento ainda permeia o inconsciente coletivo da sociedade contemporânea na qual vivemos.

Porém, positivamente a liderança feminina decorre do aprendizado e prática das habilidades das mulheres. Elas vão analisando o comportamento de suas mães e começam a adquirir conceitos sobre a vida, modo de agir, pensar, e consequentemente desenvolvem muito cedo um talento inato para o relacionamento. Com o desenvolvimento interpessoal na infância, a sensibilidade, a empatia, o compartilhamento e a vontade de ajudar fazem com que as mulheres assumam um papel central no mundo interior[1].

Percebendo a sua importância e relevância nas modificações e contribuições que podem dar para a sociedade, nas décadas de 1960 a 1970, as mulheres passaram a estudar mais e houve um acréscimo significativo delas em ambiente universitário. Este foi o momento da virada, pois a partir dessas décadas elas passaram a considerar a carreira tão importante quanto a função procriadora, e o melhor disso tudo é que elas trouxeram para

---

1 KETS DE VRIES, 1997.

o mercado de trabalho suas características femininas, as quais discutiremos mais a frente para entendermos a influência positiva disto na liderança.

A raiz dessa mudança está na revolução social e cultural que ganhou força mundial, e principalmente no Ocidente, na década de 1960. As jovens daquela década, que lutaram pela igualdade de direitos com os homens, romperam com o passado de prendas domésticas e educaram suas filhas para pensar em uma vida mais independente, e hoje vemos o resultado disso nas organizações com líderes altamente eficazes.

Com o tempo, através da autoconscientização e autovalorização, as mulheres passaram a se perceber capazes de gerenciar suas próprias carreiras com base em suas redes de relacionamentos, em suas competências pessoais e nas oportunidades que a organização podia oferecer. Com as transformações advindas do século XXI ocorreram mudanças no pensamento humano. Assim, a perspectiva de desenvolvimento da carreira da mulher pôde ser repensada em níveis além das fronteiras da organização através de decisões tomadas ao longo de sua vida, aproveitando as oportunidades de possíveis migrações e sucessões de cargos nas organizações.

"Desmancha-se no ar a outrora sólida barreira que impedia a chegada da mulher às organizações: não existe mais a necessidade da força física. Preparo intelectual, conhecimento e inovação são palavras-chave na busca da excelência e independe do sexo do profissional"[2].

---

2 LEITE, 1994.

É muito importante termos em mente que, para que a contribuição tanto da mulher quanto do homem na organização seja positiva, o indivíduo deve ver sentido em seu trabalho e estar motivado a aperfeiçoar suas competências, ultrapassando a barreira do gênero.

Através da evolução dos tempos modernos, as mulheres vêm conquistando a sua própria posição, e isto já está cada dia mais consolidado, porém ainda cheio de vieses que precisam ser discutidos, e é exatamente aqui que esta leitura torna-se essencial para líderes que estejam buscando uma liderança mais eficaz.

Note que a liderança atual engloba colaboração, relacionamento e cultivo de talentos. Essas são características femininas, visto que as masculinas estão mais focadas em individualismo, competitividade e agressividade, deixando um *gap* enorme que poderia ser preenchido pelas habilidades interpessoais femininas, afinal o mundo corporativo atual precisa cada vez mais das habilidades de relacionamento, inteligência emocional, sensibilidade ao cuidar de talentos, bem como habilidades de escuta, colaboração e parceria na busca de uma organização mais humanizada.

Percebemos que os líderes homens ainda enfrentam dificuldades para exercer a liderança usando uma lente mais feminina, colocando em prática ser um líder feminino, importando-se tanto com gente quanto com resultado, sem ferir seu lado masculino.

Por outro lado, mesmo diante de todas essas mudanças no mercado de trabalho, infelizmente a mulher ainda está posicionada psicológica e hierarquicamente aquém do homem nas organizações. Ainda encontramos diferenças salariais entre homens e mulheres, mesmo que ambos tenham a mesma bagagem educacional e profissional, porém vale notar que as mulheres têm enorme importância estratégica, porque tratam naturalmente a diversidade corporativa e colocam em prática suas habilidades para se desdobrarem entre os diferentes papéis que exercem no dia a dia, com um tremendo foco em desenvolvimento de pessoas.

A sensibilidade feminina permite que a equipe atue com sinergia, obtendo soluções criativas para questões insolúveis. Então, a conscientização e a mudança de foco são essenciais, assim como o entendimento de que o perfil feminino é essencial para quem quer uma carreira de sucesso no ambiente corporativo contemporâneo, onde habilidades técnicas são imprescindíveis para que você possa, através de excelentes patamares de gestão de pessoas, obter os melhores resultados possíveis! Atenção! Não digo ser mulher, mas ter um perfil mais feminino de atuação.

As características do estereótipo feminino de liderança, mais que aquelas relativas ao estereótipo masculino, são propensas a possuir as qualidades de liderança que estão associadas ao sucesso na gestão de talentos. Assim, as pessoas que se conscientizarem de suas práticas como líderes e conseguirem aplicar estas características tanto femininas quanto masculinas tendem a dominar o ambiente organizacional. Por quê? Simplesmente porque o perfil feminino é mais adequado psicologicamente para a liderança do século XXI.

Hoje precisamos construir a nossa liderança baseada em relacionamento, com pessoas que estão nos seguindo simplesmente porque elas querem. Porém, para fazer isso, não podemos estar focados em preservar o nosso cargo, mas em conhecer as pessoas, procurar saber como lidar com elas e, muito além disso, desenvolvê-las.

Dentro do contexto específico das organizações brasileiras, parece interessante aprofundar o conhecimento de como as líderes mulheres, que trazem tantas contribuições no cenário atual, enfrentam e superam todas as questões relacionadas com o seu gênero. Aos poucos, a ideia de que a mulher é uma líder mais completa do que o homem vem ganhando espaço, já que ela consegue, através de sua lente feminina, olhar para as pessoas de forma a cultivar os talentos existentes em suas equipes.

Aqui podemos estabelecer um paralelo entre o tradicional estilo masculino e a flexibilização deste estilo através de um líder que vigie suas atitudes usando habilidades femininas adequadas com o objetivo de promover a colaboração, construir relacionamentos produtivos e estimular talentos com o objetivo de solidificar os resultados nas organizações.

Além disso, os comportamentos como o entendimento global do capital humano da empresa, a colaboração e a intuição, são características gerenciais necessárias à liderança e geralmente estão atribuídas às mulheres, porém essas habilidades são essenciais para o sucesso de líderes de ambos os gêneros.

É muito importante se conscientizar de que as mulheres que aspiram liderança, desafiando o *status quo*, também precisam de uma boa dose de traços de comportamento masculino para ter excelência na liderança, porém com grande risco de resistência de suas respectivas equipes por apresentarem tais traços.

Devido à ideia inconsciente de que o líder é uma figura masculina, as líderes de sucesso passam a apresentar atitudes e temperamentos mais comumente atribuídos aos homens, buscando inconscientemente uma melhor aceitação no mercado de trabalho.

A equipe geralmente se sente desconfortável ao ter uma líder que age como o tradicional líder masculino. **É exatamente aqui onde se estabelece o ponto de ruptura entre os traços distintamente masculinos ou femininos de liderança, nascendo assim um líder andrógino, o qual combina e aplica os pontos essencialmente positivos de ambos os gêneros na gestão da equipe e dos negócios.** Isto ilustra uma das complexidades das líderes femininas e líderes masculinos, no que tange a conscientização e entendimento de seus papéis de liderança na prática em busca de eficácia.

O líder feminino em um cenário contemporâneo

SEMPRE me questionei se realmente haveria alguma diferença na influência exercida por homens e mulheres líderes. Na minha jornada, reconheço que gostei muito mais de trabalhar sendo liderada por mulheres, as quais muitas vezes apresentavam certo comportamento masculino que era sempre muito criticado pela equipe, mas que eu, até certo ponto, achava bem interessante... muitos anos se passaram, e hoje alimento um profundo desejo no meu coração, que o equilíbrio entre as características da sensibilidade feminina e assertividade masculina possam reinar nas empresas contemporâneas, estando inerentes nos líderes independente de seus gêneros. E ainda que mais e mais líderes mulheres possam assumir posições de destaque nas empresas brasileiras humanizando as organizações e balanceando suas características femininas e masculinas, num comportamento chamado andrógino. Sorte dos líderes masculinos que forem capazes de usufruir e compartilhar as características e atitudes da liderança feminina em sua atuação nos ambientes organizacionais contemporâneos!

Parece que discutir liderança feminina em pleno século XXI é ultrapassado, mas é só agora que as mulheres começam a ser reconhecidas como líderes eficazes, e, acima de tudo, é somente neste século que o reconhecimento das vantagens das qualidades femininas dentro das organizações vem sendo discutido.

Existe uma dimensão muito importante não só para as organizações, mas também para a sociedade como um todo, que é a participação da mulher no contexto do trabalho e os reflexos da sua maneira de pensar, agir e sentir sobre os fenômenos evidenciados na complexidade do mundo atual.

Cada vez mais as empresas estão valorizando o comportamento humano e usando as habilidades comportamentais para obter melhores resultados. Num ambiente de alta competitividade o relacionamento humano está no foco do desenvolvimento profissional e as mulheres, agora com mais espaço e ênfase, vêm usando suas habilidades femininas no desenvolvimento organizacional onde a matéria-prima básica é a imaginação humana, a criatividade e a inovação, e isso a feminilidade traz de sobra. As características femininas vão de encontro com o que as organizações contemporâneas estão procurando, que são pessoas altamente preocupadas com o autodesenvolvimento, que sabem sair da zona de conforto, que pela sensibilidade conseguem identificar as necessidades dos que as cercam e sabem cuidar e zelar pelas pessoas e pelo ambiente. Será que você está pronto para tudo isso?

Vale ressaltar que as características do comportamento feminino diferem muito das que se referem ao comportamento masculino, principalmente nas posições de liderança, onde os valores e crenças aparecem com mais evidência na gestão de pessoas e produzem resultados diferentes. Fica claro que no ambiente organizacional líderes homens e mulheres podem contribuir de maneira diferente, e por isso trazem resultados por caminhos diferentes às organizações.

As empresas contemporâneas estão focadas em líderes que são comprometidos, engajados e envolvidos no negócio, que estejam em uma procura constante de relações saudáveis e produtivas no ambiente de trabalho. A liderança atual não só está focada nas qualidades citadas acima, mas também a procura de uma postura mais direcionada em ser um *coach* ou orientador. Será que os líderes com características femininas estão prontos pra isso? A resposta é sim. Aqueles que têm características femininas em destaque estão mais que prontos!

Líderes femininos demonstram um cuidado muito grande com a equipe, conseguem perceber o que cada indivíduo da sua equipe necessita para atingir melhores resultados, conseguem enxergar cada integrante do seu time de uma forma mais holística. Na mulher isso é resultado da forma que ela foi criada, com ênfase em cuidar e perceber as necessidades familiares. Desta forma, ela simplesmente muda o foco da formação que teve, e aplica todos os seus conhecimentos nas empresas. O homem, entretanto, precisa aprender essa habilidade de forma a se conscientizar da necessidade em olhar diferente as pessoas que o cercam.

O que a líder feminina faz é adaptar aquilo que há de inato nela ao ambiente corporativo, e temos que reconhecer que esta adaptação traz muitos benefícios para o clima e desempenho das organizações que aceitam e valorizam a liderança feminina como um diferencial.

Não quero enfatizar com isso que só a mulher tem características que se encaixam perfeitamente em posições de liderança, mas para entendermos o estereótipo feminino na liderança nada melhor que ter bem claro a diferença de comportamento entre líderes homens e mulheres e diferenças muitas vezes até sutis que regem estes dois gêneros.

Homens em posições de liderança apresentam um comportamento inclinado a ser independente, assertivo e competente, enquanto a mulher desenvolve traços tais como a tendência em ser amigável, expressiva e não egoísta. Desta forma fica bem claro que as características masculinas e femininas quanto ao comportamento diferem em sua essência, cada uma exercendo influências diferentes na equipe e na organização como um todo, porém sendo extremamente complementares.

A liderança feminina pode ser vista como interativa, colaborativa e fortalecedora de pessoas, e a liderança masculina como comando-controle, envolvendo assertividade em autoridade e acumulação de poder. Homens geralmente apostam mais em estilos de liderança antigos, os quais a cada dia passam a se encaixar cada vez menos nas organizações atuais, enquanto as mulheres focam mais em lideranças revolucionárias e humanizadas, apropriadas para as exigências contemporâneas...

A vantagem da liderança feminina é que grande parte das vezes as mulheres são orientadas por relações interpessoais e demonstram um estilo mais democrático, principalmente quando estão focadas nos processos decisórios.

As mulheres, se comparadas aos homens, tendem a liderar da forma que *experts* em liderança consideram ser mais efetivo para *liderança transformacional*[3], *transacional*[4] *e laissez-faire*[5]. Além do mais, estudos recentes mostram que para a mulher atingir cargos de liderança ela precisa estudar e se dedicar muito mais que os homens. Desta maneira, é evidente que teoricamente elas estão mais bem-preparadas que eles, pois elas precisam provar sua capacidade com mais afinco e evidenciar suas competências para ter "direito" à posição que para o homem é um *status quo*.

Se não fossem os entraves históricos ainda presentes em tempos contemporâneos sobre o posicionamento e a aceitação de mulheres líderes em ambientes organizacionais, as empresas já estariam bem à frente em relacionamento, desenvolvimento humano e consequentemente resultados.

Dizem os gurus da liderança que, para contratar um ótimo executivo, basta contratar uma mulher. Em

---

3 Líderes transformacionais são inspiradores, modelos positivos, preocupados com os seguidores, capacitando e motivando os seguidores para serem criativos.

4 A liderança transacional envolve atribuição de recompensas em troca da sua obediência, é definida em termos dos efeitos sobre os seguidores e age inspirando, estimulando, considerando.

5 O líder que deixa os colegas prosseguirem com o que fazem.

2000 a *Businees Week* publicou que as mulheres líderes têm o conteúdo correto para as organizações. A mesma revista ainda publicou um artigo chamado "*New Gender Gap*", no qual ressalta que "Os homens podem ser perdedores numa economia global que valoriza mais o poder mental do que o poderio".

Vale lembrar que a mulher que adota um estilo comando-controle ou se comporta de um modo extremamente assertivo está vulnerável a ser julgada e mal-avaliada pela sua equipe, enquanto que se homens exibissem o mesmo comportamento provavelmente seriam promovidos. Mesmo sendo as características femininas altamente valorizadas em ambiente corporativo, quando observamos a equipe percebemos que há uma certa resistência quanto ao comportamento da líder mulher, pois estas líderes inconscientemente agem de maneira mais masculina e recebem críticas de sua equipe, pois este não é um comportamento culturalmente aceitável e esperado.

Enquanto o homem já tem seu papel determinado de líder na sociedade, a mulher vive numa luta constante para provar para si mesma e para a equipe que ela também é capaz e por ter que estar o tempo todo provando inconscientemente que ela também pode fazer acontecer, ela se entrega de corpo e alma para a organização e coloca altos níveis de energia nisso, demonstrando um conhecimento abrangente do negócio, do seu pessoal e do seu ambiente. Assim, fica perceptível que a mulher se esforça muito mais para construir e manter sua credibilidade na equipe e esse esforço gera benefícios tanto para ela como líder como para a organização.

O comportamento andrógino, que é a mistura de características do comportamento feminino e masculino, pode ser a grande chave de sucesso ao longo do tempo para o ápice irrevogável da liderança feminina nas organizações. Acredito que a conscientização a ser feita neste momento é como usar tais características e em quais momentos. Os líderes que conseguirem alinhar essas questões com certeza terão muito sucesso.

É muito importante entender que as organizações contemporâneas buscam pessoas que liderem com visão global, capazes de analisar e perceber o mundo sob diversos prismas, que liderem pessoas de diferentes países, com idiomas distintos e ainda que façam negócios em diferentes ambientes culturais. Desta forma, mais uma vez a multifaceta de percepção e adaptabilidade do estereótipo feminino tem mais um ponto a favor da liderança.

Se usarmos a *Liderança tranformacional* como indicador de sucesso – lembrando que o líder tranformacional é inspirador, positivo, preocupado com a equipe, *empowering*, e que estimula a criatividade e as oportunidades no time –, diríamos que a mulher tem muito mais qualidades transformacionais que o homem, demonstrando um alto potencial de liderança e efetividade e ainda realizando todas essas coisas com desenvoltura.

Não importa se você é homem ou mulher, os líderes que exercem uma liderança mais feminina estão prontos, em sua grande maioria, para colocar em prática dentro das organizações tudo aquilo que vem imbuído no uso da lente feminina na gestão. Note que as mulheres estão prontas para focar no negócio sem se esquecerem das pessoas envolvidas, estão preparadas para vencer a médio e longo prazos, o que faz diferença na negociação e na compreensão de que às vezes é melhor perder um pouco aqui, mas ganhar ali, e assim por diante. Quando exercem a feminilidade, elas usam o capital humano para aumentar ainda mais as chances de sucesso em suas metas, para conseguirem resultados arrojados com seu jeito carismático e envolvedor, e ainda fazem isso naturalmente.

Num mundo onde a competitividade está em alta e como consequência disso as pessoas precisam trabalhar cada vez mais e melhor, a capacidade multifocal do líder é um ponto relevante da liderança feminina, já que isso permite que o líder consiga fazer e resolver diversas coisas ao mesmo tempo com maestria e ainda ver microdetalhes que aqueles que exercem uma liderança extremamente masculina muitas vezes não conseguem enxergar. Além disso, em ambientes contemporâneos a cooperação torna-se essencial, e mais uma vez o perfil feminino tem destaque ao influenciar a organização, contagiando as pessoas a também exercerem seus papéis cooperativos, e quanto mais cooperativo for o ambiente, mais a organização ganha em capital intelectual e resultados.

Se pensarmos que as empresas contemporâneas buscam líderes que sejam capazes de inspirar o coração da equipe, ampliar a colaboração criando um clima de confiança e de facilitação de relacionamento, fica claro que o líder feminino tem vantagens devido ao uso de uma lente diferenciada. Desta forma eles podem e devem contribuir humanizando as organizações e tornando-as mais propensas para o relacionamento, pois isto envolve mais as equipes, as quais, consequentemente, produzem melhores resultados. Uma empresa com homens e mulheres no comando tem a possibilidade de ter uma visão muito mais ampla do negócio simplesmente porque obtém uma multifaceta de visões que os gêneros oferecem *per se*.

Por demonstrar maior facilidade em relacionamento, os líderes femininos têm grandes chances de sucesso, pois conseguem levar a equipe a encarar a realidade nua e crua das organizações e atuar em cima de suas implicações, com a facilidade que somente o poder de persuasão feminino pode oferecer. Porém, cabe aqui ressaltar que, infelizmente, em ambientes corporativos muitas vezes falta credibilidade para a liderança feminina quando esta é exercida pela mulher.

Sem credibilidade não é possível atuar em inovações, e como isto está presente na liderança, o líder tem a necessidade de credibilizar sua atuação, pois precisa convencer os outros, vender a ideia, envolver as pessoas, lidar com o conflito de egos e interagir com o sistema psicossocial da organização, pois estas são atividades essenciais na condução de projetos.

As empresas precisam se conscientizar de que o líder com atuação feminina tem um alto poder em observar e entender as redes de relações entre as pessoas, e ainda usa isso em prol do desenvolvimento da organização; dessa maneira tem as habilidades essenciais para conseguir inovar e atingir sucesso em seus projetos, influenciando o meio a ser cada vez mais perceptivo no desenvolvimento das relações humanas.

Além disso, o líder feminino traz consigo os dons inerentes de ajuda, de mentoriar, de estar perto das pessoas, e se essas características forem usadas na medida correta no ambiente corporativo, tendem a trazer benefícios na qualidade do relacionamento com a equipe. Quanto mais pessoas o líder ajudar a se desenvolver, maiores serão as oportunidades em ampliar seus conhecimentos e consequentemente solidificar a sua credibilidade.

Olhando pelo prisma de relacionamento 360 graus, no que tange à comunicação e poder de influência, não há dúvidas de que a liderança feminina está mais que pronta para sensibilizar e inovar ainda mais as relações dentro das empresas, agregando resultados de altíssimo nível, buscando desenvolver, desafiar, reconhecer, recompensar e comemorar. Estes são alguns dos passos no caminho do desenvolvimento do engajamento de uma equipe de alta *performance*.

Não posso deixar de escrever sobre a visão e o sonho: a equipe que sonha, que tem uma visão clara e concisa, que tem objetivos e que é motivada e engajada traz melhores resultados. A motivação para fazer diferente e atingir outros patamares traz um combustível sensacional para o ambiente organizacional, e o líder feminino, com todo seu cuidado, conhecimento e sua visão multifacetada, tem grande facilidade em promover o sonho e consequentemente a motivação da equipe.

Vale ressaltar que a rotina acontece por si só, mas a inovação e o desenvolvimento de uma equipe de alta *performance* requer energia, dedicação e muita dinâmica interpessoal. Nem preciso escrever que essas características o líder feminino tira de letra.

Insight: Dê uma olhada em seu ambiente de trabalho. Passe a utilizar as ferramentas femininas em sua liderança, independente do seu gênero.

Vá em frente fazendo a diferença, corra riscos em utilizar o que há de melhor nas características tanto femininas quanto masculinas, ouse e seja o número 1 em relacionamento e resultados, afinal uma andorinha só não faz verão.

Aprenda a conviver com a organização em ebulição concentrando todos os seus esforços na busca de reconhecimento do seu trabalho pelo montante de facilidades que você gera aos seus clientes internos através do uso do *mix* das características de comportamentos feminino e masculino.

Você precisa tornar memorável para seus liderados os melhores momentos de sua liderança, e assim obter sucesso indiscutível no processo de liderar. Os líderes têm na mão o poder de fazer ressonar (positivo) ou dissonar (negativo) seu relacionamento com os liderados; assim, lembre-se que, independente do seu gênero, as características femininas, se usadas na medida certa, podem e fazem a diferença.

Não hesite, atue! O conselho é meu, porém a escolha é sua!

O comportamento do líder feminino

QUERO começar este capítulo fazendo uma pergunta a você: Por que não usar aquilo que há de mais positivo na psiquê feminina para sair do aprisionamento psicológico que geralmente você sofre dentro da empresa na qual está atuando?

É importante percebermos o estilo de gestão de onde trabalhamos, pois muitas empresas ainda fazem a gestão de pessoas baseada no modelo usado nas décadas de 1960 a 1980, o que impede o autodesenvolvimento e o engajamento voluntário do time; assim, a partir desta percepção, você consegue perceber que, usando as características do estereótipo feminino e demonstrando sensibilidade, consegue agir neste cenário, mudando a visão que as organizações têm perante as pessoas, através de um olhar mais humanizado e individual. Todo líder, independente do gênero, que busca a excelência, usa lentes femininas para reverter este cenário.

Fazendo um comparativo entre ontem e hoje, fica claro que as organizações de outrora tomavam conta da carreira das pessoas, as promoções de cargos eram concedidas por tempo de casa e não por competências. As organizações compravam a esperança através da estabilidade que nos forneciam.

No contrato psicológico, até a década de 1980, a empresa oferecia estabilidade e segurança, e em troca o empregado dava obediência e enquadramento, nas premissas de "chefe é chefe"; "não questione o seu trabalho"; "manda quem pode, obedece quem tem juízo".

Porém, este cenário favorecia um baixíssimo nível de engajamento, as pessoas pertenciam às empresas mas isso não significava engajamento profissional de aspecto desenvolvimentista. Elas estavam lá para trabalhar, e se isso significasse fazer tudo do mesmo jeito sempre, tudo bem! Estava dentro daquilo que era o esperado. Hoje isso mudou radicalmente, as pessoas não estão mais em busca do simples fazer, mas de desenvolver, e, para isso, a feminilidade precisa entrar no jogo.

As empresas atualmente não oferecem mais estabilidade e segurança, mas na sombra ainda esperam a obediência e o enquadramento embutidos na transparência e no desafio. Aqui, vale notar que os líderes que usam seu lado feminino e masculino, num comportamento que denomino andrógino, estão em vantagem pela forma leve e didática com que encaram os desafios.

Líderes estão primeiramente à procura de aprendizado e visibilidade; assim, as empresas que não proporcionarem desafios suficientes para seus líderes estarão fora das listas de lugares desejados para se trabalhar. Não haverá recompensas suficientes num ambiente limitador para manter a pessoa que no fundo tem o anseio pelo desenvolvimento.

Já que não há mais reengenharia para ser feita, não há mais *downsizing*, as empresas passam a ser organismos vivos, a relevância das pessoas vai ficando evidente novamente. As empresas passam a precisar se importar com as pessoas, e por isso querem retê-las. Começam a aparecer as pesquisas de engajamento e, além disso, as pesquisas de clima ficam cada vez mais frequentes devido a busca de entender melhor o que está acontecendo na organização.

Hoje sabemos que o *downsizing* provoca nas pessoas uma sensação de inutilidade quando elas passam a fazer a mesma coisa por muito tempo, e isso infelizmente gerou alta rotatividade nas empresas... Ser monoempresa, monolíngua, monocultura é um grande problema.

A sensação de descarte provocada pelos processos de estruturação das empresas nas últimas décadas já não existe mais. Hoje vence a empresa mais competente e não o profissional mais competente. Neste contexto, a empresa competente é aquela que oportuniza o desenvolvimento de cada indivíduo e estimula a sinergia destes em busca de uma verdadeira equipe em prol dos resultados, isso significa uma empresa que usa a lente feminina em seus processos gerenciais.

A vida corporativa é um fluxo de conhecimento e mudança, as competências precisam ser renovadas como num ciclo para que você não se torne obsoleto; assim, aqui há a necessidade em incorporar o melhor do outro gênero na sua prática de liderança.

Vale a pena refletir sobre qual cultura organizacional encontramos no cenário atual e ainda qual é a relevância da percepção de nossa própria cultura.

Importante para o líder é alinhar sua equipe com as estratégias, pois sem alinhamento não se chega a lugar algum; também é necessário alinhar competências, é necessário ter um diálogo aberto com o time para que as competências sejam claras e distintas.

O bom líder alinha com o time a forma adequada de trabalhar, não dá espaço pra advinhações, mas discute profundamente as competências de cada um. Note que o líder só consegue fazer esse tipo de discussão se tiver um de seus olhos voltados pra gente, e isso é feminilidade na liderança.

A postura do líder é essencial para gerir uma equipe de alta *performance*; é o comportamento dele, o papel que ele assume com características femininas, masculinas e/ou andróginas que irá levar a equipe ao sucesso ou não, seja você entusiástico ou não, é esse o papel que tem que ser preenchido.

Você precisa ser um obstinado buscador de sucesso, fiel às mudanças propostas pela empresa; precisa ser um cumpridor da estratégia e obcecado pelo desenvolvimento de pessoas.

É necessário ter um espírito contagiante de equipe (ter vontade de contagiar as outras pessoas); senso de propriedade (dor de dono), isto é: se há um trabalho, faça, não questione... sinta propriedade sobre isso; haja de maneira simples; agir, simplesmente agir; vontade de aprender, essa vontade é tomadora, invejosa, linda, contagiante; vontade de ensinar, essa vontade é doadora!

O que dá mais resultado? Gestão de pessoas ou gestão de resultados, ou talvez ambas juntas? Note que o grande x da questão é que gestão de pessoas não é feita por uma única pessoa, o grupo precisa estar envolvido e, anterior a isso, você precisa ter grande influência sobre eles e é exatamente aqui que as características femininas (comunais) são de extrema valia. Aprende-se influência? Não! A influência vem daquilo que você é, do seu poder de contagiar os outros, e é por isso que estar consciente de suas atitudes e colocar em prática algumas das características do comportamento feminino podem fazer grande diferença na sua liderança. Veremos essas características detalhadamente mais adiante.

Um líder atual

> *Os talentos femininos estão tão perceptíveis que, na grande maioria das organizações que surgem no momento, parece que as empresas estão fazendo sob medida para as habilidades das mulheres. E com isso entram em desafio com sua própria personalidade de mostrar e encontrar seu ponto de equilíbrio entre firmeza e feminilidade, competitividade e solicitude, fatos e sentimentos* (KETS DE VRIES, 1997).

DISCUTIREMOS neste capítulo apenas algumas nuanças da liderança em si e especificamente do estilo de liderança feminino, comportamento e percepção através de uma discussão crítica do papel, prática e eficácia do líder.

Gostaria de começar definindo o que vou usar como base para a interpretação da palavra liderança; assim, vamos manter em mente a definição de Kouses e Posner como "a arte de mobilizar os outros", ou, de forma mais completa, usando a definição de Yukl, a liderança como um processo não só de influenciar, mas também um processo onde entender e concordar sobre o que precisa ser feito e como isso pode ser feito de forma eficaz. Por tudo que já vimos, posso escrever que entendo liderança como o processo de facilitar os esforços individuais e coletivos para cumprir objetivos compartilhados.

É importante explicitar que homens e mulheres têm comportamentos diferentes quando lideram em posições de topo.

As líderes estão em desvantagem por causa da incompatibilidade percebida entre os traços masculinos atribuídos ao perfil de líder e traços de relacionamento associados com o sexo feminino, além disso, há um consenso geral de que as mulheres enfrentam mais barreiras para se tornar líderes do que os homens, especialmente para as funções que são predominantemente masculinas, o que será explorado mais adiante neste capítulo.

As pessoas, em suas expectativas sociais, geralmente esperam que os homens sejam mais focados em resultados que as mulheres. Os homens são em sua essência mais agressivos, ambiciosos, dominantes, fortes, independentes, autossuficientes e autoconfiantes. Em contraste, as mulheres são mais carinhosas, compassivas, prestativas, gentis, simpáticas e sensíveis.

Mulheres líderes muitas vezes experimentam a desaprovação de seus comportamentos mais masculinos, tais como afirmar clara autoridade sobre os outros.

O modelo de estereótipo mostra que líderes do sexo feminino são frequentemente consideradas competentes, mas não muito acolhedoras por masculinizarem seu comportamento em ambiente corporativo em busca de aprovação social. Aquelas que fazem uma exposição de um comportamento mais masculino são mal-avaliadas por seus respectivos times por terem quebrado as normas de expectativas de papéis sociais. Isso acontece porque os estereótipos de gênero descrevem as mulheres como sendo orientadas ao relacionamento e, portanto, simpáticas para as necessidades dos outros.

Os traços de líderes femininos podem cada vez mais serem vistos como vantajosos para líderes de ambos os gêneros e seus seguidores, porém ainda são insuficientes para uma liderança eficaz.

Em geral, seguidores esperam e preferem que as mulheres sejam femininas, manifestando traços tais como a preocupação, bondade, gentileza, cordialidade e que os homens sejam masculinos, manifestando características como agressividade, confiança e autodireção. A união dos comportamentos masculino e feminino pode ser a chave para os líderes de sucesso.

Percebemos que há uma dificuldade enorme para a líder mulher encontrar seu próprio comportamento corporativo "perfeitamente aceitável" pelos seus respectivos times porque, quando ela é feminina, a equipe não a respeita plenamente e, quando ela é masculina, a equipe tende a criticá-la por ter tal comportamento. Então, a pergunta que não cala é: Como as mulheres devem se comportar e quais direcionamentos psicológicos devem orientar o seu agir na liderança?

Se as líderes do sexo feminino violarem as crenças de papéis de gênero, cumprindo as exigências masculinas do papel de líder e deixarem de apresentar os femininos, elas podem ser avaliadas negativamente por essas violações, assim, a chave para a liderança da mulher é procurar encontrar um meio-termo que seja eficaz, nem masculino e nem feminino. Porém, isso requer um pleno controle e consciência comportamental durante o horário comercial. Será isso possível?

Bons líderes são flexíveis e capazes de mostrar o lado masculino e feminino num comportamento que chamaremos de andrógino.

A liderança geralmente é interpretada como um papel com características essencialmente masculinas, e muitas teorias da liderança têm-se centrado sobre a conveniência de estereótipos de qualidades masculinas em líderes. No entanto, as qualidades femininas de cooperação, orientação e colaboração também são relevantes para a liderança nas organizações contemporâneas.

Mulheres contemporâneas estão muito bem-preparadas para a liderança e têm algumas vantagens que os homens ainda não possuem; note que os homens poderiam entrar em desvantagem em uma economia global que valoriza mais o poder mental que o poderio.

As mulheres líderes podem enfrentar um grau de conflito de papéis ao cumprir as expectativas das pessoas sobre o comportamento dos líderes. No entanto, isso deve ser minimizado através da adoção de um estilo de liderança relativamente feminino, que atenda as expectativas das pessoas tradicionais sobre o comportamento feminino com uma tendência em liderar em um estilo mais democrático e participativo do que os homens. Além disso, as mulheres, mais que os homens, adotam um estilo transformacional, especialmente o aspecto que envolve o foco no desenvolvimento e orientação das necessidades dos seguidores individuais, formando novos líderes com mais naturalidade de atuação.

As mulheres que se destacam em posições de liderança no mundo real adotam estilos mais democráticos e participativos. As executivas têm uma necessidade significativamente maior para fomentar boas relações interpessoais do que os seus colegas masculinos e, num cenário onde desenvolver talentos é essencial, as mulheres saem à frente.

As líderes mulheres começam com um obstáculo inicial para alcançar legitimidade, que é o *status quo* da liderança relacionado com a figura masculina. No entanto, dada a eficácia do líder, qualidades femininas de cooperação, orientação e colaboração são muito importantes para a liderança como diferenciais na gestão.

Os líderes de cada sexo devem adotar "o melhor" das qualidades do outro sexo para se tornarem mais eficazes: os gestores andróginos, que são aqueles que fundem estas qualidades e as aplicam com um olhar diferenciado para as relações na organização.

As pessoas tendem a internalizar expectativas culturais sobre o seu estereótipo de gênero e, consequentemente, serem intrinsecamente motivadas a agir de uma forma coerente com seus papéis. Qualquer comportamento favorecendo essas pressões, congruente com um papel do gênero, poderia ser problemático para as mulheres ocupando a liderança ou cargos de gestão em função do alinhamento destes papéis sociais com as qualidades do estereótipo masculino e, portanto, com o papel de gênero masculino.

O conflito de papéis que há para as líderes do sexo feminino pode ser minimizado através da adoção de um estilo de liderança relativamente feminino/masculino que atenda as expectativas das pessoas sobre o comportamento feminino.

As líderes do sexo feminino podem ter a possibilidade de moldar o seu comportamento para minimizar a violação de expectativas de gênero. Elas devem esforçar-se para exibir um comportamento que seja suficientemente sério e profissional, demonstrando credibilidade como gerentes, e ainda assim com um comportamento suficientemente feminino. E os líderes masculinos devem, sim, usar uma lente mais feminina para enxergar a sua equipe, pares e superiores de uma forma mais humanizada e pessoal.

Em ambientes organizacionais as pessoas desenvolvem expectativas sobre o comportamento dos líderes ou gerentes, e essas expectativas específicas são determinantes importantes do comportamento, muito mais importantes do que as expectativas baseadas no gênero. Este ponto de vista estrutural afirma que homens e mulheres que ocupam o papel de liderança provocam reações similares dos outros e são igualmente eficazes desde que eles tenham acesso equivalente a *status* e poder.

Já que a eficácia é essencialmente semelhante no líder homem e mulher, o que vemos aqui são as características peculiares de cada gênero que os diferenciam na forma de conduzir a equipe e atingir resultados.

Percebendo a relevância das características femininas e masculinas nas várias interfaces do papel de líder, convido-te a se desenvolver frente às exigências das empresas contemporâneas quanto a relacionamento e cumprir também as exigências de um líder atual.

O gênero feminino nu e cru na organização

> *As mulheres terão sucesso sozinhas, mas nossas corporações não terão sucesso sem o equilíbrio e a perspectiva que o novo modelo, com traços associados ao sexo feminino, tem a oferecer. Assim como as mulheres sofrem quando alienadas de seu lado ativo e independente, também as corporações sofrem quando podadas de seu lado intuitivo e receptivo* (WILKENS, 1998, p. 263).

LÍDERES que exercem sua liderança com características femininas conscientes e afloradas usam comportamentos considerados adequados para uma prática eficaz no mundo organizacional contemporâneo.

Precisamos ter em mente que uma das chaves para uma liderança bem-sucedida é o poder de influenciar pessoas. Porém, homens e mulheres diferem em sua capacidade de influenciar, e essas diferenças correspondem às diferenças de gênero no poder.

Os homens geralmente têm mais poder que as mulheres, pois há uma tendência culturalmente aceita para que eles tenham essa vantagem; por outro lado, a mulher tem melhores habilidades de comunicação do que o homem, que facilita o poder de influenciar sua equipe; a todo o momento vemos os dois lados da moeda.

O poder pode ser baseado na necessidade ou desejo de manter relacionamentos e não apenas sobre a posse de estado ou recursos externos, ele é altamente pessoal e com base em um sentimento de identificação com o outro, atrai socialmente uns para os outros. Esse poder é apropriado tanto para os homens quanto para as mulheres, embora elas prefiram usar este tipo de energia mais do que os homens, pois o poder de referência envolve a manutenção de boas relações, o que é mais significante para as expectativas do papel de gênero para as mulheres.

Vale lembrar que os homens possuem um conjunto de características que reflete com clareza maior competência e instrumentalidade do que os traços percebidos em mulheres.

Isso nos mostra que os homens têm tendência às características do poder de especialista. Além disso, em interações de grupo, a líder não é considerada merecedora de *status* como um homem é; os membros do grupo, como resultado, tendem a ignorar suas ideias, dar-lhes pouca oportunidade de participar e resistem as suas tentativas de influência. Parece que o poder legítimo deriva do *status* externo de uma pessoa ou de posição. Além disso, a mulher que parece ser muito assertiva, muito interessada em influenciar os outros, ou que é muito confiante, viola as expectativas sobre o comportamento adequado para a mulher, e como resultado acaba sendo censurada, gerando resistência à sua liderança.

Penso que neste momento você deve estar se perguntando qual o comportamento ideal: se ao ser muito masculino perdemos o foco em pessoas e ao ser muito feminino perdemos o foco em resultados e ainda geramos resistência, precisamos entender mais alguns pontos.

É mais provável que as mulheres em posição de liderança evoquem mais reações negativas do que os homens. Porém, a partir de uma visão tradicional de liderança para a visão mais democrática e participativa, as mulheres devem experimentar prejuízo reduzido e ganhar uma maior representação e aceitação em cargos de liderança, trazendo-nos a esperança de um futuro promissor para as líderes mulheres.

Enquanto o poder dos homens deriva de suas vantagens estruturais e seu acesso a recursos externos, o poder das mulheres deriva das contribuições de seus papéis domésticos e sua relação com os outros.

As pessoas relatam ter mais sentimentos positivos nas organizações para com as mulheres do que para com os homens, porém há evidências de que os homens persistem mais do que as mulheres quando tentam influenciar os outros. Aqui vale a pena refletir: Será que isso acontece porque no homem é algo que ele faz conscientemente e com foco, e a mulher por ter essa característica inata faz isso com mais naturalidade e, portanto, não insiste, pois faz inconscientemente?

A ponderação cuidadosa das mulheres de seu comportamento pode produzir influência eficaz e aceitação pessoal. Porém, em muitas situações, pode comprometer o seu avanço para a posição de maior nível, pois a aceitação de seu comportamento não contribui para o estabelecimento de poder e confiança se comparada à de seus pares masculinos; neste caso, demonstração e propriedade de poder é inato nos homens.

Uma vez que culturalmente o papel de líder é basicamente masculino e as características do comportamento esperado deste papel são incongruentes com as definições do estereótipo feminino, mulheres são percebidas como menos qualificadas para a liderança na visão de seus pares, superiores e subordinados, porém isso não é uma verdade, é somente uma percepção pelos conhecimentos do inconsciente coletivo nas organizações!

É bastante interessante refletirmos que o sexo biológico não deve ser um fator que define o comportamento dos líderes, pois o sexo não é inteiramente um estado biológico, mas um estado de espírito.

Uma visão diferenciada

ESTUDIOSOS organizacionais mostram uma série de novas perspectivas sobre liderança que interpretam que as características primordiais de gestão contemporânea estão mais ligadas às características do sexo feminino. Esta perspectiva enfatiza relações democráticas, tomada de decisão participativa e delegação, que são consistentes com os estilos de liderança democráticos adotados com mais frequência por líderes do sexo feminino.

O estilo de liderança das mulheres altamente interativo é mais adequado do que o comando-controle exercido pelo sexo masculino. Nesta linha de comportamento, as mulheres são mais colaborativas, e por isso seu estilo de liderança agrega mais no desenvolvimento de talentos, que é um requisito do mundo organizacional atual.

O ideal para um líder é a pontuação elevada em ambas as dimensões: foco em pessoas e foco em resultados. Portanto, os líderes eficazes possuem atributos como excelente empatia, habilidades de comunicação e simpatia. Eles também são processuais em foco e possuem atributos como assertividade e capacidade de organização, a fim de se concentrar em atender eficientemente os objetivos da organização; dessa maneira fica claro que, apesar das características femininas serem excelentes para a liderança, o comportamento andrógino se sobressai.

Conclui-se que se o perfil do líder tradicional é composto de características essencialmente masculinas e para o líder contemporâneo são exigidas características femininas complementares, a liderança transformacional pode ser vantajosa para aqueles que estão dispostos a se tornarem líderes andróginos.

O repertório de transformação, juntamente com o aspecto recompensa, parte da liderança transacional, pode resolver algumas das inconsistências entre as demandas dos papéis de liderança e o papel do sexo feminino.

Veja no quadro abaixo a evolução da mulher em cargos de liderança[6]:

	2003/ 2004	2004/ 2005	2005/ 2006	2006/ 2007	2007/ 2008	2008/ 2009	2009/ 2010	2010/ 2011	2011/ 2012
Presidente	15%	16%	20%	20%	20%	21%	21%	22%	23%
Vice-presidente	13%	15%	15%	16%	16%	17%	17%	19%	19%
Diretor	20%	21%	24%	25%	25%	26%	25%	23%	23%
Gerente	23%	25%	28%	30%	32%	34%	35%	35%	37%
Supervisor	30%	37%	40%	42%	44%	47%	47%	49%	48%
Chefe	30%	34%	38%	39%	40%	42%	42%	42%	43%
Encarregado	44%	48%	50%	52%	53%	55%	55%	52%	55%
Coordenador	42%	47%	49%	51%	53%	56%	56%	58%	64%

---

6 Dados do Cadastro Catho, banco de dados da Catho Online com mais de 200 mil companhias. Fonte: O poder da liderança feminina. Portal Carreira & Sucesso.

De tudo o que você já leu até hoje sobre liderança, não era claro que as características que descrevem um líder eram masculinas? Não era evidente que as descrições de competências e habilidades esperadas de um líder eram tradicionalmente vinculadas ao sexo masculino? De uma forma ou de outra, sempre ficou subentendido a afirmação de que o homem é melhor qualificado para o papel de líder. Porém, as características que hoje são consideradas como diferencial na liderança são essencialmente femininas. Note que até pouco tempo atrás eram consideradas defeitos e empecilhos para atingir excelência na prática da liderança.

Será que não é esse pensamento que permeia o inconsciente coletivo feminino e masculino e que está sendo rompido agora ao vermos a mulher em posição de liderança, usando suas habilidades femininas como competências essenciais de líder e também quando percebemos homens em posição de liderança cada dia mais abertos para o diálogo e novas formas de atuação?

Há uma linha de pensamento que define que as mulheres são mais hábeis em inclusão, relações interpessoais, partilha de poder e com a atenção dos seguidores, porém já vimos anteriormente que estas qualidades por si só não garantem o ser de um líder superior.

Com base na abordagem de contingência para a liderança, alerto que a adaptabilidade, confiança e consciência são importantes para um líder em qualquer situação. Estes atributos permitem que líderes avaliem a sua situação adequadamente.

Determinação é um atributo adicional, vital para aqueles que procuram ser um líder eficaz, capaz de reconhecer quando promulgar cada função, usar a inteligência social e ainda ter flexibilidade e sensibilidade.

Há uma diferença considerável entre o comportamento de gênero na liderança, no entanto, os comportamentos e aceitação da liderança feminina dependem da cultura organizacional e crenças individuais.

Dadas as profundas mudanças que ocorrem em papéis de mulheres e na interpretação cultural de uma boa liderança, as mulheres vão continuar a sua subida para maior poder e autoridade. A mudança do século XX para a igualdade de gênero não cessou, mas continua... Basta exercer a liderança de forma consciente, balanceando o comportamento feminino e masculino num perfeito balé organizacional.

Agora que entendemos os comportamentos do estereótipo feminino e masculino de liderança dentro das organizações, convido-te a refletir no próximo capítulo sobre a sua atuação, sobre o seu papel em si, pois desta forma conseguirá tornar suas ações mais conscientes, independente de serem mais femininas ou masculinas, e buscar a atuação do comportamento andrógino, o que resultará em uma prática de liderança mais sólida quando entender seus motivos e objetivos ao atuar nos porquês do agir desta ou daquela forma.

O líder no divã

O reconhecimento do líder: características na liderança

Que tal tornar a liderança mais consistente e proporcionar atitudes conscientes no papel de líder?

Como já falamos, convido-te a refletir sobre as características masculinas-agênticas e femininas-comunais para que você possa repensar a sua liderança e tornar consciente a prática do comportamento andrógino, fazendo um *mix* das características do estereótipo masculino e feminino de liderança para atingir excelência no seu papel de líder nas organizações atuais.

Ao ter mais consciência na sua prática da liderança, você viabiliza um agir mais eficaz, pois passa a navegar nos mares femininos e masculinos, independente do seu gênero.

Para iniciar este capítulo, sugiro-te ter em mãos uma caneta e entusiasmo para analisar a sua prática e o estereótipo que você tem adotado.

Comportamento masculino

Já sabemos que o comportamento agêntico é aquele referente às características do comportamento masculino. Abaixo vamos explorar cada uma das características desse perfil:

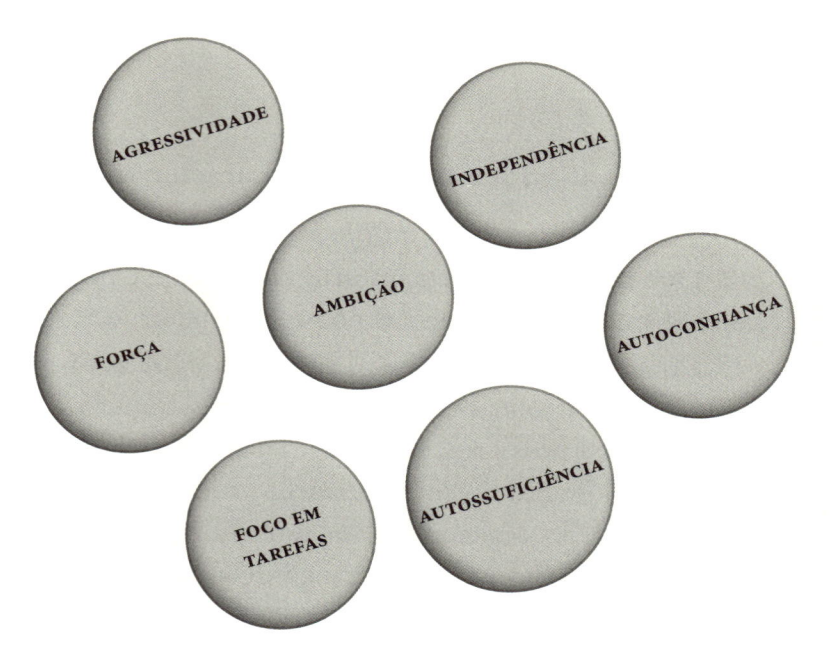

- AGRESSIVIDADE
- INDEPENDÊNCIA
- FORÇA
- AMBIÇÃO
- AUTOCONFIANÇA
- FOCO EM TAREFAS
- AUTOSSUFICIÊNCIA

Agressividade

A agressividade é muito valorizada em ambientes altamente competitivos, pois ganha aquele que tiver mais força em suas ações e pensamentos. Porém há uma linha bastante tênue em praticar a agressividade com foco em resultados e a agressividade no relacionamento. Precisamos estar bastante conscientes destes limites que devem ser mantidos sob rédeas curtas para que seu uso tenha resultados positivos.

A aprendizagem emocional decorre de aptidões cognitivas: falar consigo mesmo, ler e interpretar as influências sociais, tomar decisões e resolver problemas, compreender a perspectiva do outro. Ter essas aptidões cognitivas desenvolvidas permite fazer uma análise psicológica da agressividade. Dentro desta premissa, podemos perceber que ela é um fenômeno comum do cotidiano, e nos cabe entender a mesma, buscando tanto seus aspectos positivos quanto negativos e usá-la na medida certa.

E daí?

João é gestor do Departamento de TI de uma grande organização. Ele está na finalização de um projeto da mudança do sistema da empresa, o que envolve várias equipes orientadas para os sistemas das diferentes áreas. Apesar de algumas equipes terem concluído com êxito seus projetos, e outras não; o ponto principal é que ainda existem *Gaps* de comunicação entre as áreas que geram erros no sistema como um todo. João chama a equipe para uma reunião e de forma diretiva aponta o problema principal: o sistema não está concluído e o *deadline* está próximo. Ele é firme, aponta erros, sabe o que precisa, define responsabilidades, faz diagnósticos precisos e nomeia aqueles que serão as pessoas-chave para essa solução.

Até aqui, agressividade usada na dose certa com foco em resultados!

Mas João, percebendo que as áreas que haviam atingido seus objetivos no projeto estavam se posicionando defensivamente e de forma individual, ignorando as falhas do projeto como um todo, passa a rebater essa argumentação com acusações diretas, individuais e coletivas.

Por mais que estes líderes não houvessem percebido que os sistemas estavam completos, mas não representavam a conclusão com sucesso do projeto, a maneira como isso é apresentado às pessoas entra em questão. Quando João rotula estes líderes usando palavras como pensamento obtuso, visão limitada e falta de comprometimento com os objetivos da empresa e outros, a agressividade passa a ser pessoal, deixando de trazer resultados positivos, ferindo o ego das pessoas, gerando desmotivação.

- Você se considera agressivo em suas atitudes pessoais? Pode mudar isso? Em caso positivo, faça uma lista com as atitudes que precisa mudar e reflita individualmente sobre cada uma delas.

- A sua agressividade é direcionada para o negócio ou para as pessoas? Como redirecionar? Como encontrar a dose certa?

Ambição

Segundo a presidente da Appal (Associação de Psicologia Positiva da América Latina), psicóloga Daniela Levy, "empresas valorizam a ambição e buscam pessoas motivadas, com iniciativa e que correm atrás de suas metas".

Para o Dicionário Aurélio, ambição é um "desejo intenso ou veemente de alcançar os bens materiais ou o que satisfaz o amor-próprio como riqueza, glória etc."

Para a Psicologia Positiva, trata-se da criação de um caminho na vida, saber o que se quer para a própria vida e buscar esta conquista. Assim como outros adjetivos, ambição é uma palavra carregada de significação cultural, que pode ter conotação positiva ou negativa dependendo das crenças e valores de cada indivíduo.

A ambição forma pessoas que têm iniciativa para fazer as coisas acontecerem, são geralmente automotivadas, destemidas. Pessoas ambiciosas são em sua maioria conscientes do que tem que ser feito para alcançar suas metas pessoais, e esta consciência gera mudanças em si mesmas, nos pares e no entorno.

Até pelo papel histórico do homem na sociedade em ser o provedor do lar e comandante financeiro de sua própria vida, a ambição tornou-se uma característica muito mais masculina do que feminina. Por outro lado, o papel tradicionalmente materno designado à mulher não permitia que ela tivesse grandes ambições além de prover amor e cuidado. Assim há a necessidade de nos conscientizarmos que a ambição, se bem trabalhada e consistente, é de extrema valia para líderes andróginos.

E então?

Edgar foi um aluno brilhante no colégio, fez uma das melhores faculdades públicas do país e, mesmo antes de se formar, foi contratado por uma montadora de renome num acirrado processo seletivo de *trainnees*. Aos 30 anos já era gestor de uma grande equipe e cotado para suceder um diretor às vésperas de se aposentar.

Chamado pelo diretor de RH num encontro de *coaching* executivo, recebeu duas orientações/questionamentos: Como está o seu francês? Por que fez MBA com foco em pessoas e não em projetos? O grande dilema que passa na mente de Edgar neste momento é estudar alemão para cumprir o seu sonho de morar na Alemanha e viver na terra dos seus avós? Dizer que é excelente na gestão de projetos, mas essa competência técnica o atrapalha na condução da equipe? Se responder isso, como fica com a vaga de diretor? No fundo Edgar planeja chegar brevemente ao cargo de diretor e um dia ter patrimônio suficiente para abrir sua própria empresa e se mudar para a Alemanha com a família.

Foi exatamente por ser ambicioso que Edgar chegou onde está, foram as decisões corretas que tomou que o levaram a este ponto. E é exatamente a serenidade e ponderação ao traçar um caminho correto a cada escolha que faz a diferença no sucesso do líder andrógino.

- Qual é a sua definição pessoal de ambição?
- Dentro desta definição, quão ambicioso você é?
- Você tem planos bem-desenhados? Com cronogramas definidos?

- Você consegue identificar as ações concretas em seu dia a dia orientadas para os seus planos?

_____
_____
_____
_____
_____
_____
_____
_____
_____
_____

Força

O ser humano em essência tem uma grande necessidade de provar sua capacidade para si mesmo e para os outros a todo e qualquer tempo. Culturalmente isso é exigido dos homens desde as mais tenras idades. Essa força se traduz no ambiente corporativo como competitividade. Portanto, líderes fortes, aliados a estratégias organizacionais adequadas, geram ambientes altamente competitivos. Estes ambientes, em uma visão mais humanizada de gestão, podem ser benéficos, neutros ou até maléficos, visto que os líderes extremamente focados em resultados relegam para segundo plano o desenvolvimento de suas equipes, e com isso limitam o desenvolvimento do capital intelectual da organização.

Independência

A capacidade de tomar decisões de forma independente, colocar planos em ação, mobilizar as pessoas dependendo em essência de sua própria força é a tradução da palavra independência para o ambiente organizacional.

Esta característica é agêntica, visto que o homem é focado em tarefas e a mulher em relacionamento, assim sendo, a independência em fazer as coisas por si só se torna muito mais uma atitude masculina do que feminina. Enquanto o líder com estereótipo masculino faz acontecer muito mais sozinho do que em grupo, o líder com estereótipo feminino acredita muito mais nas relações para obter sucesso num processo.

O líder independente tem extremo valor nas organizações de todos os portes, visto que a independência é a base de pensamento para a finalização de suas ações.

É importante frisar que a base de pensamento que analisa os dados, avalia as pessoas, toma as decisões e coloca as ações em prática deve ser o mais independente possível – o "pulo do gato" é não deixar de lado a influência dos outros e dos dados no início e meio do processo.

E agora?

Mário é o CEO de uma organização em processo de mudança, e chama seus dois principais gestores solicitando a redução de duas pessoas em cada equipe, o que representa um corte de 5%. Para tomar essas decisões os gestores podem decidir de várias maneiras. Alessandro decide pelos nomes somente coletando dados e baseado nos números dos resultados recentes, enquanto

Gabriel toma como base para a sua decisão apenas uma análise pessoal baseada em conversas com seus pares e alguns subordinados. Ao voltarem com os quatro nomes para o CEO, Mário os questiona sobre o impacto da saída destas pessoas na sinergia do time: Vocês não acham que podem estar equivocados por terem sido independentes do início ao fim de sua decisão, confiando apenas nos dados; ou por terem sido dependentes apenas da opinião dos outros durante todo o processo?

Lembrou do "pulo do gato"?

- Você discute e ouve verdadeiramente os seus pares, superiores e subordinados?

- Você usa o seu poder de influência para conquistar as pessoas a fazer aquilo que precisa ser feito ou faz sozinho?

- Faça uma lista com as características que você precisa desenvolver para ter maior foco em relacionamento.

Autossuficiência

Líderes autossuficientes devem se policiar para, ao invés de fazerem sozinhos, levantarem das suas cadeiras para acolher a equipe e desenvolvê-la, deixando de *stand by* a eterna tendência de fazer tudo sozinho, pois parece mais rápido e eficaz.

Que tal participar da rotina ativamente, ouvir as pessoas, deixar as portas abertas, estar pronto a escutar e considerar as ideias dos outros?

A cegueira organizacional começa a se desenvolver a partir do momento em que o líder acredita que a grande força da organização está em si, esquecendo a prática do relacionamento, as teias da reflexão. A solução dos problemas está na equipe, no coletivo, e não na sua grande sala, na sua cadeira de couro e muito menos na ponta de sua própria caneta!

Eu te convido a uma constante mobilização, de forma a fazer com que seu pares e subordinados sintam-se úteis e estejam integrados nos processos. Compartilhe seu conhecimento, desenvolva e confie nas pessoas com as quais você trabalha e não se esqueça que, quanto mais você puder desenvolvê-las, mais confiará nos resultados que a equipe pode atingir!

Tornar a autossuficiência uma ilha é uma escolha somente sua, porém o fracasso que ela pode ocasionar será de toda a equipe!

E o que acontece?

Francisco é um gestor com grande *expertise* técnica, conhecido na empresa toda por sua agilidade em achar soluções para os problemas mais complexos. Por isso, é muito procurado por sua equipe para a resolução de problemas e aval, mas sem perceber, devido sua alta *expertise* e senso de autossuficiência, Francisco acaba assumindo os problemas e resolvendo por si mesmo. Se por um lado ele garante eficácia e resultados, do outro ele burla o desenvolvimento da sua equipe, tornando-os desmotivados por falta de aprendizado e gerando alta rotatividade. A alta cúpula da empresa idolatra Francisco e os resultados que ele traz, seus pares admiram sua competência e brilhantismo, mas seus subordinados ou pedem transferência ou se acomodam.

- Com que frequência você escolhe fazer você mesmo em detrimento de confiar na equipe?
- O que você tem feito para desenvolver a sua equipe?
- Escreva sobre a sua experiência pessoal, sobre as estratégias que você tem utilizado para delegar, orientar, acompanhar, cobrar e supervisionar o seu pessoal.

_____

_____

_____

_____

_____

_____

Autoconfiança

Essa palavrinha é dúbia, pode ser positiva e negativa, pode te trazer benefícios ou danos irreparáveis se exercida em exagero.

Pense bem em seu grau de autoconfiança ao exercer suas atividades e reflita: Essa autoconfiança fecha ou abre novas possibilidades? Esteja consciente que, quando você acha que já sabe tudo, fecha-se para o novo.

Quando excessivamente autoconfiante, o líder tende a ouvir somente a si próprio, ignorando o capital intelectual existente na organização. Porém, a autoconfiança na medida certa pode te trazer ótimos resultados, pois ela equilibra a coragem de enfrentar o novo com a sensação de capacidade que a sua confiança lhe traz.

E na hora do vamos ver?

Luciano era um empreendedor conhecido em seu ramo por ter constituído uma empresa de sucesso em constante crescimento, através de uma jornada solitária baseada nos seus próprios ideais. Ao longo dos últimos 15 anos existiram pessoas-chave que foram leais e se encantaram com a empresa, mas não permaneceram nela por muito tempo, pois, ao perceberem que eram ouvidas mas não escutadas, abandonavam a empresa. Da mesma maneira que Luciano depositava confiança em si mesmo e na empresa que ele construiu, ele trazia essa confiança para seus pares e subordinados, mas em contrapartida seu esforço pelo sucesso da empresa era a medida que usava entre o que ele próprio acreditava e o que a equipe recomendava. Daí você concluiu: no final, ele perguntava para todo mundo, e só fazia o que ele próprio queria.

A autoconfiança é o maior ocasionador da surdez organizacional! Pense nisso e equilibre ela dentro de você!

- Qual é a dose certa de autoconfiança, em sua opinião?

- Você tem usado a sua autoconfiança positiva ou negativamente?

- O que você tem feito para equilibrar sua autoconfiança, evitando ignorar o capital intelectual na organização?

_____
_____
_____
_____
_____
_____
_____
_____
_____
_____
_____
_____
_____

Foco em tarefas

O foco em tarefas já foi muito valorizado nas organizações, quando o que tinha que ser feito era mais importante do que aquilo que as pessoas faziam. Hoje sabemos que se mantivermos o nosso foco nas tarefas será muito difícil exercer nosso verdadeiro papel de líder, pois estaremos extremamente ocupados em apagar os incêndios e resolver as rotinas diárias, quando deveríamos estar direcionando nossa atenção para desenvolver a equipe e assim obter resultados.

Se você é o famoso bombeiro organizacional, aquele que apaga incêndios o tempo todo, pode ser que você esteja usando sua liderança de forma inadequada. Assim revisite sua agenda, analise suas atividades diárias, invista tempo em perceber quais pessoas de sua equipe podem lhe ajudar a apagar os incêndios nos quais você tem focado no momento. Acima de tudo, vire a página da sua agenda, não coloque ✓ nos problemas resolvidos e sim nos processos a serem desenvolvidos, nas estratégias a serem elaboradas.

Sabia que você é só um?

Luiz, engenheiro civil, fez carreira em uma única construtora, onde começou como servente de pedreiro quando ainda cursava o primeiro grau. Seu crescimento profissional se deu principalmente devido ao seu empenho pessoal em fazer de cada empreendimento um sucesso, olhando cada detalhe do início ao fim da construção, e, se preciso, fazendo ele mesmo, pois era um conhecedor de toda e cada etapa do processo.

Após 20 anos de muita dedicação, ele foi convidado para ser responsável pela divisão regional, estando sob sua responsabilidade todos os empreendimentos de quatro estados.

Hoje, mesmo como gestor, toda vez que uma obra se depara com um entrave técnico, ao invés de pedir dados, chamar seus técnicos e convocar reunião, ele pega sua capacidade, reserva seu *ticket* e logo é visto no meio da obra dando ordens para os operários. Seu foco em tarefas é uma constante ruptura no seu processo de liderança.

• Numa rápida reflexão, você consegue pontuar momentos em que, ao invés de planejar e delegar, executou e entregou por si só?

• Você tem tido tempo e energia para atuar lado a lado com a equipe ao invés de fazer você mesmo?

• Elabore uma lista com as atitudes que você precisa ter com o objetivo de estar mais orientado para pessoas do que tarefas.

_____
_____
_____
_____
_____
_____
_____

Comportamento feminino

Agora vamos explorar as características do comportamento feminino e entender esse universo tão complexo e cheio de conexões que é a atuação da mulher nas organizações.

- CARINHO
- COMPASSIVIDADE
- GENTILEZA
- CORDIALIDADE
- SENSIBILIDADE
- PRESTATIVIDADE
- FOCO EM RELACIONAMENTO

Carinho

O carinho está presente em grande parte das atitudes de líderes com características femininas. Desde a primeira infância, a mulher é apresentada às virtudes e qualidades da maternidade. É orientada para a importância de olhar para o outro e ter atenção com os sentimentos alheios, para que possa cuidar melhor daqueles que as rodeiam.

Quando transferimos isso para o mundo corporativo, fica bem claro que precisamos usar uma lente especial para observar as pessoas que compõem o nosso time, uma lente que permita uma análise profunda das qualidades, expertises, anseios e necessidades individuais de cada um. Como líderes, temos a necessidade de "cuidar" das pessoas, de ouvi-las, desenvolvê-las, orientá-las e acompanhá-las em suas respectivas jornadas, pois essa é a maneira mais segura de ter uma equipe preparada para atingir os resultados que as organizações almejam.

O grande X da questão é manter esse carinho, esse cuidado com o outro em âmbito profissional, ficando dentro dos parâmetros para não ultrapassar a tênue linha do profissional *versus* pessoal. O cuidado que precisamos tomar é que, quando as características femininas fazem com que o time passe a considerar o líder como seu psicólogo, os problemas pessoais passam a interferir nos resultados da organização. Assim, o líder deve ter em mente que seu papel é de mentor, de *coach*, não de terapeuta.

O que eu tenho a ver com isso?

Giulia e Luiza assumiram a direção da empresa de prestação de serviços da família, uma das mais antigas em portaria, limpeza e segurança e tem um time hoje com mais de 5.000 funcionários. Um dos valores que apoiam a cultura da empresa é o que diz respeito a conhecer e cuidar das pessoas que são a base do sucesso do serviço.

Elas trabalham na empresa desde muito jovens, já atuaram na maior parte das áreas, e por isso conhecem praticamente todas as pessoas.

Tendo crescido dentro da visão da empresa, estão sempre abertas a ouvir e consideram as particularidades pessoais de cada indivíduo nas avaliações de desempenho. O momento e realidade de cada colaborador tem peso relevante na decisão de demissões, promoções, conflitos e disputas de poder, fazendo com que passem a "mão na cabeça" e relevem problemas que afetam a organização. Nos últimos tempos este excesso de compreensão para os erros tem gerado perda de clientes, problemas graves nos pontos de prestação de serviço e um clima de animosidade pela permissividade que existe na organização.

- Como líder, você consegue definir com clareza os limites de seu cuidado com o time?
- Quanto tempo e energia você tem dedicado ao desenvolvimento de cada indivíduo da equipe?

- Você pratica o *feedback*? Considera importante? Por quê? Com que frequência dá *feedback* a sua equipe?

_____
_____
_____
_____
_____
_____
_____
_____

Compassividade

Segundo estudiosos, compassivo é aquele que possui ou demonstra compaixão; que compartilha sofrimentos alheios. Esta é uma característica bastante feminina, e, dependendo da dose na qual for usada, pode ajudar ou atrapalhar a relação líder e liderado.

É importante que o líder ao atribuir tarefas, ao dar *feedback* e ao cobrar resultados tenha o cuidado de falar a linguagem de cada colaborador de sua equipe, que perceba que com alguns ele precisa ser mais moderado, com outros mais direto, ou mesmo enérgico e duro, explicações mais curtas ou longas. Ou seja, entender como o outro vai se sentir ao receber uma crítica. O ponto é que precisamos ter muito cuidado para que a compaixão não seja uma barreira para o que precisamos dizer ou fazer, ou mesmo um impedimento para ter a frieza necessária para tomar as decisões com foco em resultados.

Que tal avaliarmos o nosso nível de compassividade?

Lembra da Giulia e da Luiza da empresa de prestação de serviços?

Elas vivem um momento crítico na empresa, pois pelo excesso de carinho perderam os limites e com isso afetaram os resultados da organização. Então? Esta mesma empresa estabeleceu há décadas uma linha de empréstimo para auxílio funeral, que cobria as despesas com funeral de familiares do liderado e descontavam da folha de pagamento 5% do salário até a quitação.

Pela falta de regras bem-estabelecidas do benefício, houve um uso excessivo e constante desta linha de crédito, os funcionários acumulavam dívidas muito altas por usarem o crédito para diversos familiares. Hoje a empresa não dispõe mais desta verba e, considerando que o montante utilizado é retirado da verba de cada departamento que se encontra atualmente deficitário, criou-se o impasse da compassividade: Cortar este benefício focando na saúde financeira das áreas? Negar o benefício caso o colaborador ainda esteja quitando parcelas anteriores? Suspender apenas até a recuperação financeira da empresa?

- Você já se questionou no quanto leva em consideração o sentimento alheio, as dificuldades pessoais e momentos difíceis de seu liderado, em suas decisões?

- Até que ponto levar isso em consideração – ou não levar isso em consideração – é um problema?

- Qual a sua percepção sobre o nível de compassividade que o líder precisa adotar de acordo com a realidade sociocultural das pessoas de seu time?

_____

_____

_____

_____

_____

_____

Prestatividade

Quanto maior o seu nível de prestatividade mais você se desenvolve, pois quanto mais se dispõe a ajudar os outros, mais você aprende, visto que o nosso crescimento é proporcional ao número de pessoas que ajudamos a crescer. Além disso, a prestatividade gera uma melhora considerável no seu nível de relacionamentos dentro da organização.

O problema da prestatividade é o foco: ao ocupar muito do seu tempo sendo prestativo, você pode perder de vista o seu verdadeiro papel de líder. A dica é o equilíbrio: seja prestativo, ajude os outros, dialogue, escute de forma aberta, não julgue precipitadamente, simplesmente ajude. Mas não permita que sua boa vontade para ajudar os outros atrapalhe seu papel de gestor e desvie sua atenção da estratégia do negócio.

Aqui vale lembrar que ajudar não é dar as respostas ou sair fazendo as coisas por aí, mas apoiar o outro no encontro do próprio caminho, mesmo que isso exija mais tempo e paciência.

Além disso, o tempo do líder dedicado ao outro deve ser dosado para que seja adequadamente distribuído conforme as necessidades das pessoas e setores sob sua responsabilidade. E o tempo investido no apoio a estas pessoas e áreas deve ter como fator preponderante os resultados concretos desta interferência.

Por quê?

Neusa é a gestora da área industrial de uma empresa de alimentos nova no mercado com um grupo bastante grande de *trainees*. Por estar localizada em um polo acadêmico de primeira linha no país e ser uma empresa em destaque na mídia, atraiu talentos de alto potencial para o setor de desenvolvimento de novos produtos sob a supervisão dela.

Constantemente estes *trainees* trazem ideias consideráveis, mas que precisam da experiência daqueles que realmente conhecem o mercado e a Neusa acaba se envolvendo pessoal e tecnicamente nesses projetos, perdendo de vista as demais áreas.

O excesso de prestatividade gerou um grande tempo dispendido em projetos que, ao final, não eram comercialmente viáveis e vários problemas não solucionados em outros setores que se agravaram pela falta da real missão de liderança.

- Quão prestativo você tem sido com seus pares e subordinados?
- Você procura ensinar e orientar ao invés de dar as respostas prontas?
- Você tem consciência do que sua equipe precisa neste momento? Tem um plano de ação para estas necessidades?

Gentileza

Como já diz o bom e velho ditado: "gentileza gera gentileza". Tendo isso como princípio, não podemos esperar atitudes gentis daqueles que nos cercam nas organizações se não espelhamos isso. Gosto muito de dizer que, quando há um problema de comportamento na equipe, antes de mais nada precisamos nos olhar no espelho, avaliar as nossas ações e só então avaliar a equipe.

Sei que você deve estar pensando que sua equipe não tem o mesmo nível de responsabilidades que você tem, e por isso você acaba ficando muito mais tenso e impaciente se comparado a eles, porém cabe a cada líder refletir sobre o que é ser líder e as responsabilidades que são agregadas ao assumir este papel.

Sua equipe é seu espelho!

Árvore de maçã dá pera?

Meire assumiu o posto do pai na área administrativa da rede de autopeças da família há alguns anos, tendo como seu par, cuidando da área financeira, seu irmão mais velho. Agora, próximo da aposentadoria definitiva de seu pai, as decisões são tomadas quase que exclusivamente pelos dois irmãos que travam uma acirrada disputa de poder.

O ambiente corporativo é tenso, e, apesar de Meire ser uma pessoa gentil e educada, não raro se envolve em discussões acaloradas com o seu irmão e por vezes com sua equipe.

De tempos pra cá, Meire tem reclamado da hostilidade da equipe sob sua supervisão, irritando-se com os constantes embates entre as áreas, e vem percebendo que alguns conflitos estão se tornando até mesmo pessoais.

O gerente de RH é chamado por Meire, que de maneira dura exige dele um plano de ação imediato para melhorar o clima na organização, e ele, com tato e gentileza, argumenta que qualquer plano de ação passa pelo líder: O que devo fazer se o conflito da equipe é um espelho da sua conduta?

- Enumere as dificuldades que você enfrenta com sua equipe.

- Agora, olhe-se no espelho e reflita sobre o que você tem feito e que pode ter desencadeado esses comportamentos.

- Elabore um plano de ação.

Sensibilidade e simpatia

Estes dois comportamentos são extremamente femininos, porém o líder que tiver coragem e capacidade de exercer a sensibilidade livremente colherá ótimos frutos no que diz respeito ao relacionamento com a equipe. A sensibilidade ao perceber o momento certo para dizer ou fazer as coisas gera enorme diferença no desenvolvimento de qualquer projeto.

Com o propósito de desenvolver a sensibilidade precisamos usar uma lente mais humana dentro da organização. Mais uma vez, ressalto que precisamos conhecer muito bem nossa equipe para nos sensibilizarmos quando há algo que não está nos trilhos.

Já a simpatia é a tendência instintiva que conecta uma pessoa à outra, é uma inclinação recíproca entre duas pessoas ou duas coisas. Ser simpático é ter um prazer genuíno em participar das ideias e realizações do outro, e é exatamente este o ponto que nos interessa no âmbito organizacional.

Precisamos ter uma escuta aberta, e realmente levar em consideração a opinião e ideia alheia, mas muitas vezes estamos tão ocupados e fechados no nosso próprio eu que vamos às reuniões e não participamos de forma simpática às ideias e realizações apresentadas.

A minha dica aqui é que você aproveite a *expertise* do seu time, não coloque as pessoas numa condição de acomodação por saberem que suas ideias raramente serão colocadas em prática. Seja sensível e escute verdadeiramente o que eles têm a dizer. Desafie-os a defender os seus pontos.

O líder sensível e simpático sabe que o desenvolvimento passa pelo criar e colocar em prática, pelo errar e corrigir; portanto, deve proporcionar estes momentos de criação se quiser ter uma equipe de excelência.

Cem metros rasos ou revezamento?

Mariana é publicitária e coordena a área de criação de uma empresa de *marketing* esportivo. As reuniões de *brainstorming* são parte da prática da empresa e acontecem vertical, horizontal e transversalmente com grande frequência. Sempre que há uma brilhante ideia proposta, Mariana se questiona em como não teve essa ideia antes, e nas reuniões com sua equipe ela transmite essa frustração, compartilhando a sensação de menos-valia entre seus liderados.

Na verdade, Mariana deveria ser simpática às boas ideias, tendo em mente que o ganho maior não deve ser pessoal, mas sim da organização.

Na última reunião do ano, Mariana e sua equipe apresentaram uma criação que foi muito bem-aceita e elogiada, repercutindo positivamente em sua autoestima e consequentemente gerou uma sensação de realização em seus liderados.

Ela percebeu que a valorização das ideias de sua equipe, sua simpatia e sensibilidade devem ser o *modus operandi* de funcionamento da sua liderança, pois quanto mais simpático o líder for à criação do outro, melhores serão os resultados.

- Como você avalia a sua sensação de realização originada em ideias bem-sucedidas e realizações do outro?

- Qual a frequência das reuniões de *brainstorming* com sua equipe?
- Quais são os incentivos para aqueles cujas ideias são ouvidas e colocadas em prática?

Cordialidade

A cordialidade é outra característica bem marcante do estereótipo feminino, que muitas vezes é colocada de lado quando a mulher assume a liderança, visto que os outros tendem a confundir a ação de expressar atenção, demonstrar afeto e estabelecer amizade com falta de profissionalismo.

As líderes femininas são as que mais se perdem em sua liderança por excesso de cordialidade.

Note que ela deve ser praticada, mas jamais em excesso. A atenção e o afeto com as pessoas que te cercam na organização são fundamentais, mas devem ser dosadas com consciência para não invadir as causas particulares de cada um e interferir nos resultados da organização.

A cordialidade bem-empregada é uma ferramenta muito útil para o líder porque ela cria um vínculo afetivo, ela mantém a proatividade do relacionamento ao mesmo tempo em que estabelece um distanciamento, muitas vezes necessário para manter as relações profissionais no eixo.

A cordialidade se traduz no bom-dia, boa-tarde muita vezes deixados de lado na correria do dia a dia, mas que podem fazer a diferença nas relações.

- Você já ultrapassou a linha do profissional X pessoal com alguém da sua equipe por excesso de cordialidade? Quais foram as consequências?

- Como ser cordial na medida certa?

Bondade

Aqui vamos falar de bondade no sentido de benevolência, que nada mais é que a disposição permanente de uma pessoa em fazer o bem. Imagino que ao ler a palavra permanente, você pensou: poxa, então não sou bom, pois minha vontade de fazer o bem não é permanente!

O meu convite aqui é para termos uma procura permanente do que é bom, bom para você, bom para a organização, bom para o seu time, bom para os seus pares. A partir do momento em que você amplia a sua reflexão sobre o que é bom, cada uma de suas ações se torna mais consciente e a sua bondade aflora.

Tenho certeza que toda pessoa ao ser boa, ao fazer o bem, se deparou com alguém sendo ruim, fazendo o mal. Frequentemente, no universo do bem e do mal, aparece o dilema do ser bom ou ser bobo, que nada mais é que uma tentativa de estabelecer o limite da benevolência até o ponto em que ela não seja revertida para você como algo ruim através da rejeição, da falta de reconhecimento e até mesmo da maldade gratuita. Como se estabelecer esse limite fosse possível, como se prever a reação do outro fosse algo factível.

Não se esqueça: a bondade está relacionada ao outro e não a você. A sua consciência é seu guia.

Essa história é por sua conta, pois a benevolência na liderança ainda é desenhada no dia a dia pelos líderes que assumem e se conscientizam de um comportamento andrógino em sua essência.

O líder benevolente é uma jornada, um rio com águas turbulentas que vão e vêm, que se juntam e se separam nos oceanos das organizações.

Foco em relacionamento

As organizações atuais precisam de pessoas que estejam com seu foco em pessoas e resultados; assim sendo, o relacionamento com o outro torna-se uma das chaves para o sucesso da organização.

Porém, é sempre bom relembrar que foco em relacionamento não está voltado para o pessoal e sim para o relacionamento desenvolvimentista, para a percepção do outro, que nada mais é do que conhecer de forma plena as habilidades e dificuldades daqueles que atuam com você e elaborar estratégias cada vez mais consistentes para desenvolver essas pessoas, contribuindo para o progresso da organização e do indivíduo em si.

- Quais as estratégias você tem utilizado para conhecer melhor a sua equipe?
- Quais os planos de desenvolvimento você tem colocado em prática?
- Como você tem desafiado a sua equipe a crescer?

Agora é com você

Use esta página como seu guia de conscientização para a prática de uma liderança andrógina.

Identifique quais são seus padrões de comportamento e então estabeleça suas diretrizes para praticar o comportamento que expressa tanto características do estereótipo de comportamento feminino quanto masculino, visando um melhor relacionamento com seus pares, superiores e subordinados nas organizações.

Use a escala de 1 a 4 para identificar a intensidade da sua atuação em cada um dos comportamentos descritos.

Comportamento feminino	Comportamento masculino
Carinho	Agressividade
1 2 3 4	1 2 3 4
Compassividade	Ambição
1 2 3 4	1 2 3 4
Prestatividade	Força
1 2 3 4	1 2 3 4
Gentileza	Independência
1 2 3 4	1 2 3 4
Sensibilidade e simpatia	Autossuficiência
1 2 3 4	1 2 3 4
Cordialidade	Autoconfiança
1 2 3 4	1 2 3 4
Foco em relacionamento	Foco em tarefas
1 2 3 4	1 2 3 4

A execução do líder feminino

Abaixo veremos um estudo[7] que apresenta *insights* valiosos para a liderança feminina e seus pares, superiores e subordinados no que tange o entendimento do funcionamento do líder.

Os resultados deste estudo mostram que mulheres que desejam crescer em suas carreiras necessitam melhorar suas habilidades nas competências: Perseguir metas nobres e motivação interna.

Note que as mulheres devem priorizar o desenvolvimento da competência "navegar emoções" e, por outro lado, capitalizar sua vantagem nas competências melhorando o "aprendizado emocional" e "refletir consequências".

Por outro lado, os homens, principalmente aqueles em posição de liderança, devem desenvolver seu autoconhecimento (competências: melhorar o aprendizado emocional e reconhecer padrões) e, também, reduzir sua impulsividade.

---

7 http://www.aboutme.com.br

Figura 1: Resultados de Inteligência Emocional para homens e mulheres

- Inteligência Emocional Resultado geral
- Autoconhecimento
- Decisão de escolha
- Emprenho próprio

■ Homens
▫ Mulheres

6seconds.org 104 105 106 107 108 109 110 111

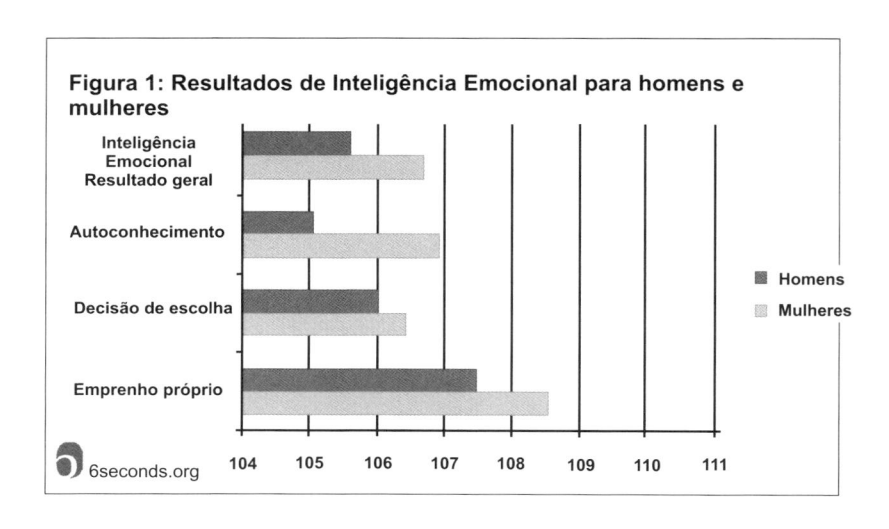

Figura 2: Uma avaliação mais detalhada de Inteligência Emocional para homens e mulheres (8 competências-chave)

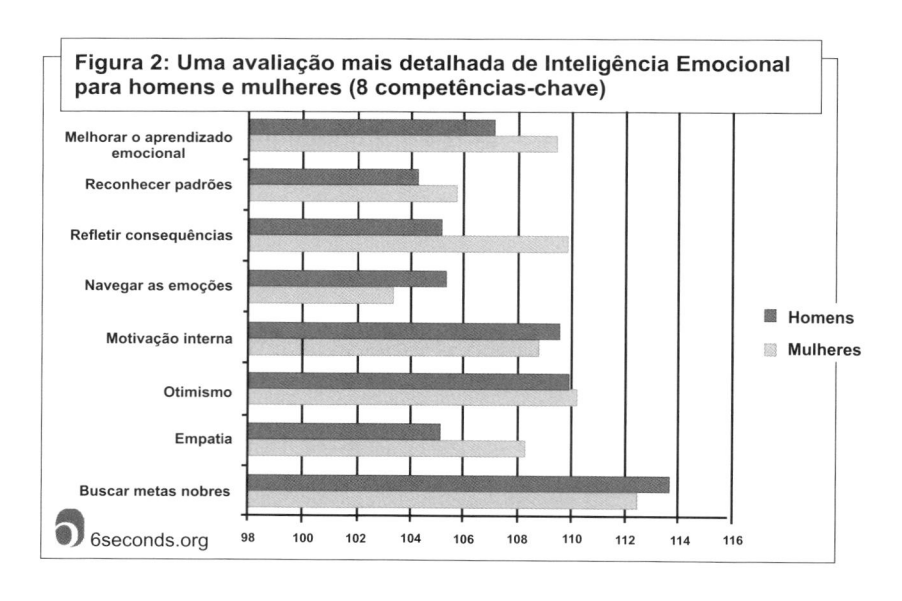

- Melhorar o aprendizado emocional
- Reconhecer padrões
- Refletir consequências
- Navegar as emoções
- Motivação interna
- Otimismo
- Empatia
- Buscar metas nobres

■ Homens
▫ Mulheres

6seconds.org 98 100 102 104 106 108 110 112 114 116

Figura 3: Resultados das lideranças femininas e masculinas

Categoria	Líderes Masculinos	Líderes Femininos
Melhorar o aprendizado emocional		
Reconhecer padrões		
Refletir consequências		
Navegar as emoções		
Motivação interna		
Otimismo		
Empatia		
Perseguir metas nobres		

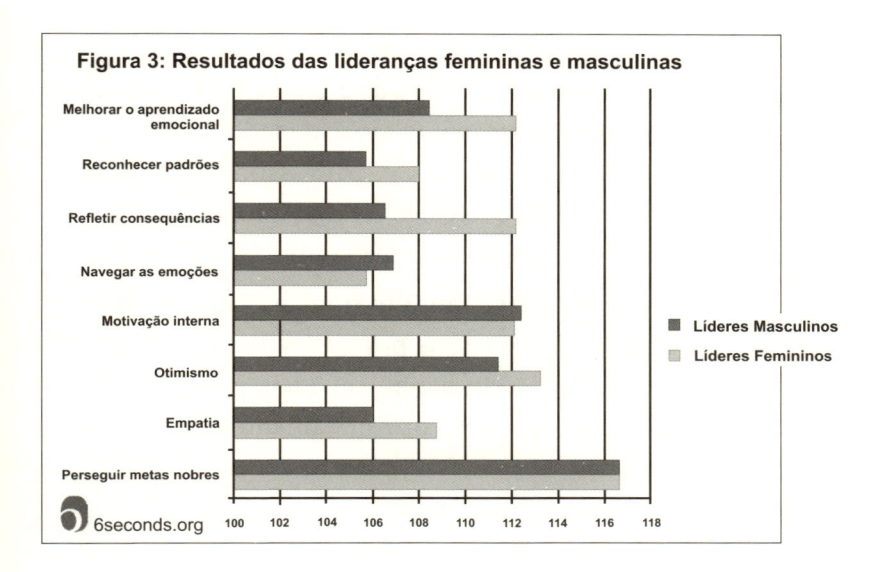

6seconds.org

    Este estudo nos mostra as grandes oportunidades que a liderança feminina tem ao contribuir com as organizações e ao construir um cenário diferenciado.

    Agora que você consegue identificar ainda mais claramente quais os comportamentos femininos e masculinos na prática, e conhece as dificuldades e facilidades no agir de cada estereótipo, vamos à liderança em si!

    Neste capítulo procure identificar onde você pode usar suas características femininas e/ou masculinas, como aperfeiçoá-las e como limitar seus excessos, mesclando-as de forma mais eficaz. Lembre-se que um dos fatores de excelência em um líder é exercer o comportamento andrógino de forma equilibrada e consciente.

    Para desenvolver uma boa execução precisamos enfrentar a realidade nua e crua das organizações, porém sabemos que a mente feminina tende a ser muito mais emocional do que racional, e neste ato de enfrentar a realidade precisamos, sem dúvida alguma, estar cientes de nossas atitudes e ter maior capacidade de percepção racional diante das situações, e, para isso, sem dúvida alguma necessitamos exercer o lado masculino na liderança, num comportamento andrógino.

Note que, ao liderarmos um time, há a necessidade de criar uma cultura onde as pessoas tenham uma tremenda oportunidade em serem ouvidas, pois esta é a única maneira de conhecer profundamente a realidade que necessitamos enfrentar, e, para isso, mais uma vez, precisamos vigiar a tendência feminina de falar mais que ouvir. Como líderes precisamos praticar a escuta aberta para que a verdade prevaleça, e mais que isso, para entender aquilo que não é verbalizado. Note que a escuta aberta vai muito mais além de simplesmente ouvir sem julgar, ela é uma escuta das atitudes do time, dos gestos das pessoas e do ambiente. Sim, o ambiente também fala! Perceber aquilo que te rodeia, o que está acontecendo com as pessoas e por que elas estão agindo desta ou daquela forma também faz parte dos atributos de uma escuta aberta.

A verdade organizacional precisa prevalecer no ambiente corporativo, e, para que você crie esse clima, primeiramente não entregue as respostas prontas para a sua equipe, mas crie oportunidade para que você possa liderar com perguntas, permitindo que cada membro do seu time tenha autonomia de pensamento e criação, para que eles possam entender a realidade por si mesmos, afinal é assim que desenvolvemos pessoas.

Note que assim você possibilita um aprendizado mais autônomo e, além disso, envolve-se nos diálogos, discutindo e estimulando um ambiente participativo. Por último, analise as questões, vá a fundo, mas não jogue a culpa nos outros, simplesmente resolva e dê por encerrado!

Tenha em mente que, ao encararmos as adversidades organizacionais, aprendemos muito mais e, consequentemente, fortalecemos a nossa liderança!

Gosto muito de pontuar que precisamos ter cuidado com o tão famoso carisma feminino. Quando ele está em evidência na nossa personalidade, acabamos impedindo as pessoas de apresentarem a nós a realidade nua e crua da organização e, assim, diminuímos nossa força de execução. Note que o líder carismático mobiliza as pessoas pelo carisma e não pelo foco na competência de execução! Cuidado!

Todos os líderes devem ser uma presença poderosa e influente. Devem energizar a todos através de seu exemplo, estar profunda e intensamente envolvidos com as pessoas e operações, ter consciência dos detalhes, demonstrar entusiasmo com o que estão fazendo e ser obcecados pelos resultados. Porém, tudo isso não deve ser inspiração através de um simples discurso, mas da prática em si.

Sabemos que uma execução só ocorre se o líder estiver comprometido com a empresa de corpo e alma, pois a liderança requer entendimento do negócio, de sua equipe e do ambiente de atuação. Por isso, invista tempo em conhecer as pessoas e estar perto de sua equipe, use seu lado feminino. Entenda as conexões que estão presentes no seu ambiente, os fluxos, os comportamentos, e acima disso tenha disciplina para conhecer cada vez mais o seu negócio. Invista em gente, mas não perca o foco nos resultados, seja andrógino! Somente a androginia pode equilibrar os seus resultados nas duas vertentes!

Como fazem parte de nossos papéis, as tarefas de desenvolver outros líderes, estabelecer o direcionamento estratégico e conduzir as operações, precisamos estar cientes de que a faceta multitarefa feminina é necessária ao dia a dia da organização. Ao ter consciência de nossas atitudes, nos avaliamos com mais frequência e aperfeiçoamos a prática destas atitudes cada vez mais num círculo virtuoso de autodesenvolvimento.

Líderes com características femininas afloradas geralmente apresentam uma tendência ao perfeccionismo, talvez por precisar provar a posição a si mesmo e às pessoas que o cercam. Ao ser perfeccionista, tome cuidado com o gerenciamento de detalhes, pois este é um grande erro[8]. Acabamos perdendo o foco na estratégia, nas pessoas e nos resultados, assim, a melhor prática é envolver-se diretamente nos processos, montando uma arquitetura de execução.

Seus liderados estão o tempo todo observando você, "copiando" suas atitudes, moldando-se às suas crenças, e por isso, se você não estiver encontrando os

---

8 BOSSIDY, L. & CHARAN, R. *Execução* – A disciplina para atingir resultados. Rio de Janeiro: Campus.

resultados que almeja em sua equipe, se olhe no espelho antes de mais nada! O autoconhecimento é essencial para o ambiente organizacional; assim, faça uma lista com seus pontos fortes e fracos na liderança de pessoas e canalize sua energia para tornar os pontos fortes excelentes e corrigir os pontos fracos.

Cometer erros é inevitável, mas precisamos de humildade para reconhecê-los e, a partir da maturidade, passar a tomar decisões com base na experiência.

Além disso, precisamos ter a certeza de que as pessoas certas estão focadas nos detalhes certos e agindo no momento exato. Por isso, como já conversamos anteriormente, primeiro você precisa conhecer profundamente as características pessoais e profissionais de cada membro da sua equipe, pois desta forma você consegue estabelecer as metas e prioridades sabendo o que pode esperar de cada um e ainda recompensar aqueles que excederam às expectativas.

Tenha em mente que faz parte do seu papel como líder orientar a sua equipe coletiva e individualmente. Porém tenha bem claro o conceito de orientação: a tendência é dar ordens e logo ir ensinando as pessoas como devem fazer as coisas; porém, quando você age assim, está burlando o desenvolvimento de cada membro da sua equipe! Oportunize aprendizado, tire as pessoas de suas zonas de conhecimento, desafie-as para fazer o novo!

Aproveite a oportunidade que você tem no dia a dia para orientar as pessoas. Considere cada encontro uma oportunidade! E, então, pratique o *feedback* contínuo, observe as pessoas que trabalham com você e, através de perguntas – e não de respostas –, direcione-as a descobrirem as melhores práticas.

Liderar é trabalhoso, exige muito mais que talento, exige disciplina e um equilíbrio no olhar que deve estar voltado ao outro e também a você mesmo.

Crescer dói, e muito. Então, você está pronto para começar a praticar uma liderança mais consciente e focada em execução através do desenvolvimento de talentos e oportunização de aprendizagem! Esteja ciente e disposto a começar um exercício mental de conscientização que provavelmente irá te perseguir por bons anos de sua vida profissional.

Ser um líder andrógino é uma questão de persistência. Muitas vezes você perceberá que usou o seu lado errado, era para usar o feminino e você usou o masculino, ou vice-versa. Muitas oportunidades de dar certo passarão por você de raspão por não ter exercido aquilo que era oportuno; assim, pratique diariamente a autoconscientização. Dói, mas é a única maneira de subir o próximo degrau.

Vamos! Não tenha medo em se conhecer! Mente à obra!

Criando o modelo para a mudança cultural

A CRIAÇÃO de uma cultura de alto desempenho é um dos grandes desafios dos líderes atuais, pois você, atuando como um líder, consegue que seus seguidores estejam envolvidos, engajados e dedicados. O mesmo raciocínio é válido para o trabalho com os pares e superiores diretos, à medida que a gestão contemporânea nos levou a trabalhar em empresas com poucos níveis hierárquicos e, portanto, o aspecto liderança não se restringe somente a sua equipe, e sim a todas as pessoas que estão ao seu entorno.

Para criar este nível de engajamento você precisa buscar, aprender e implementar ferramentas que te orientem a mudar/incrementar o comportamento das pessoas, de forma a torná-las efetivamente direcionadas para os resultados finais, sendo que a base desta mudança de comportamento é a criação de incentivos diretamente atrelados ao desempenho individual e o do grupo no que tange a equipe. Tanto a transparência destes critérios quanto o acompanhamento do seu desenvolvimento devem ser transparentes e visuais para todos.

Porém, no trabalho direto com pares e superiores, onde o lastro da relação não é hierárquico, e, sim, de pura influência e colaboração, é bem menos uma questão de uso de ferramentas, tornando bem mais acentuado a busca de empatia na consecução de objetivos comuns.

O lado masculino é muito mais hierárquico, enquanto o lado de influência e empatia é muito mais feminino, então nada melhor que usar ambos os comportamentos para atingir a excelência.

Como gerar essa cultura junto a sua equipe?

Uma vez implementadas as ferramentas que você escolheu, torna-se necessário trabalhar o lado humano que envolve o engajamento de cada pessoa e de seu time. Neste sentido, você deve, como líder, assumir que as ferramentas em si não produzem mudança alguma. O que produz a mudança de cultura no seu time é como você lida com as pessoas utilizando as ferramentas, e aqui aparece o lado feminino da liderança, trabalhando o relacionamento como foco central.

Vamos começar explorando a base da relação líder/liderado. Não existe a menor possibilidade de uma pessoa se engajar a qualquer desafio se ela não consegue aferir se está contribuindo ou não. O único mecanismo para esta aferição se chama *feedback*. Existem momentos que a organização determina que você converse com a sua equipe sobre avaliação de desempenho e de competências. Muito embora esses momentos sejam momentos formais, eles não agregam efetivamente valor na relação líder/liderado. O que desenvolve efetivamente valor nesta relação é o contato diário, seja no reconhecimento de pequenos feitos ou na orientação sobre como realizar os trabalhos, ou no nível de resposta que o liderado vem dando a cada tarefa, bem como nas correções de atitudes que você, como líder, tenha que fazer.

Tais momentos, que defino como momentos de engajamento (para substituir a já desgastada palavra *feedback*), não devem misturar nenhuma das quatro alternativas acima em um único instante, ou seja:

- Se você reconhece pequenos feitos de um liderado, converse com ele a respeito, escolha o momento certo e diga a ele que ele fez a diferença.

- Se você percebe que o seu liderado está tendo dificuldade na execução, sente com ele e ensine ou arrume alguma pessoa com maior conhecimento que possa fazer e deixe isso claro para ele.

- Se a velocidade, a quantidade e a qualidade dos trabalhos que o seu liderado está fazendo estão aquém do necessário, agende encontros específicos com ele e explique, documente e faça isso ser um ato formal.

- Caso você perceba que o seu liderado vem constantemente tendo atitudes que não fazem sentido dentro do comportamento que o grupo espera, não aguarde momentos oportunos, nem momentos formais de avaliação para corrigir efetivamente a conduta que ele vem tomando.

Desta forma, você como líder estará conversando com as pessoas da sua equipe tanto nos momentos em que eles fizerem excelentes feitos, como naqueles em que são necessárias as correções. De qualquer forma e a qualquer momento, este processo deve ser sincero, formal, individual e buscando ouvir mais do que falar. Não se esqueça que cada palavra sua vale pontos na escala de credibilidade do seu subordinado, portanto afeta a relação líder-liderado.

Coloque seu foco em aumentar a quantidade de pessoas com alto desempenho em sua equipe. Faça tudo o que está ao seu alcance para recompensar as pessoas por terem feito o máximo, através de incentivos financeiros, incentivos de desenvolvimento e até incentivos emocionais. Coloque seu foco nestes momentos de engajamento, não deixe que a prolixidade existente no estereótipo feminino domine este momento, seja assertivo e não se esqueça de usar perguntas diretas, que exigem raciocínio das pessoas para descobrir os caminhos por si mesmas, desta forma utilizando as suas habilidades masculinas.

É importante entender que a mudança só acontece se você tiver credibilidade para executar, pois execução sem credibilidade torna a tarefa muito mais difícil.

A credibilidade assume a forma de uma relação entre líder e liderado, ou seja, ela não está nem no líder, nem em seus liderados, mas na forma que se processa o relacionamento diário. Desta maneira, à medida que você vai se relacionando com as pessoas da sua equipe, elas, por sua vez, vão lhe atribuindo créditos, e estes mesmos créditos vão lhe dando mais poder e maior liberdade para você incrementar ainda mais esse relacionamento, formando uma graxa que mantém a equipe trabalhando em alto desempenho, mesmo que você não esteja presente na equipe.

Invista algum tempo para descobrir quais são os traços da sua personalidade que geram relações positivas e negativas. Nunca se esqueça que as positivas devem ser mais intensas, pois as negativas sempre pesam mais na balança.

Existe um único desvio que pode zerar a relação de credibilidade entre líder e liderados, que é uma falha no caráter do líder. Portanto, autovigie-se, busque *feedback* constante, pois uma única falha de caráter pode jogar todo o seu trabalho de alto desempenho num cesto de lixo vazio.

Como criar essa cultura junto a seus pares?

Se é de suma importância o seu nível de credibilidade junto a sua equipe, onde você tem ascensão hierárquica, podemos imaginar quanto de credibilidade a liderança precisa ter para trabalhar influenciando pessoas, daí pode-se notar o lado feminino da liderança onde a busca de colaboração, empatia e sinergia está totalmente orientada para relacionamento e doação.

A sua credibilidade também precisa ser desenvolvida junto a seus pares e superiores, desta forma faz-se necessário manter aquilo que é corriqueiro funcionando bem, pois se isso desandar a sua credibilidade cai, porque eles dependem do básico em alta *performance*.

Então, antes de mais nada, mantenha em mente a palavra execução da rotina, pois ela deve caminhar por si só; se conseguir ir desenvolvendo um time de alta *performance*, você terá mais tempo para trabalhar o incremento da sua credibilidade, participando de projetos de inovação e melhorias.

Nota-se então que você só consegue manter a rotina em alto desempenho, sem investir grande montante de tempo em apagar incêndios, se a sua equipe estiver muito bem-preparada para encará-la de forma semiautônoma – não existem equipes autogerenciáveis neste sentido, mas sim equipes semi-independentes. Assim, mais uma vez convém evidenciar que você precisa desenvolver as pessoas que trabalham com você; quanto mais as pessoas que estão relacionadas com a sua liderança se desenvolvem, mais você se desenvolve e mais tempo disponibiliza para o processo do novo!

Por isso, mantenha em mente as características do comportamento andrógino, use a característica feminina de se colocar no lugar do outro e entender as necessidades de cada um, ao mesmo tempo em que coloca em prática a diretividade e assertividade, tão comuns no comportamento masculino, e, consequentemente, mantenha sua credibilidade em alta.

Junte o capital intelectual existente na sua equipe, coloque-o para atuar, dê crédito às pessoas e suas respectivas responsabilidades e vá em frente. Mas não se esqueça que, se no meio do caminho o seu projeto parecer muito grande para você e sua equipe, diminua-o; melhor um grande projeto dividido em etapas menores, adequadamente finalizadas, do que um grande projeto interminável!

Fazendo a diferença junto aos pares e subordinados

As MELHORIAS e a inovação são essenciais no nosso dia a dia, e por isso você não pode colocar todos os seus esforços nas tarefas diárias, mas, sim, deve reservar algum tempo para ter um olhar de maior alcance, com maior profundidade no negócio em si.

Definir e executar melhorias e/ou projetos inovadores pode ser trabalhoso, estressante e tomar parte do seu tempo. Porém, você faz ideia de quanta energia precisa para vender a ideia aos outros, para envolver as pessoas, para lidar com os impasses emocionais sem perder de vista a interação com o aspecto sociocultural da organização? Ou seja, lidar com o poder, as vaidades, os interesses, as prioridades que envolvem o relacionamento entre pares e superiores?

O tempo todo é necessário observar e entender a rede de relações entre as pessoas. A melhoria e a inovação só ocorrem em ambiente onde há divergências, por isso dê lugar às opiniões de seus pares, superiores e subordinados, discuta profundamente as questões estratégicas, use as suas habilidades de influência, comunicação e persuasão para aperfeiçoar as ideias e consolidar as opiniões num projeto integrado que nasceu, em tese, de todos.

Respeite cada um como é, aproveite a diversidade, e use todo esse conjunto de qualidades da equipe em prol do desenvolvimento dos resultados e do negócio. Ao conhecer sua equipe, ao conhecer seus pares e superiores, você, como líder, deve ter em mente que a soma das ideias é sempre melhor que a sua ideia: sinergia e cooperação são as palavras-chave.

Quando conduzir uma ideia e começar um processo de geração de credibilidade junto aos pares e superiores, busque disposição para enfrentar os conflitos de interesses que irão surgir e a desconfiança natural das pessoas pelo que é novo. Esteja ciente de que isso faz parte do processo e independe das características de gênero, isso é humano! E pelo fato de ser humano, você pode considerar fragilidades, medos, inseguranças, o pé atrás e qualquer outro fantasma que assombra naturalmente os indivíduos. O negócio é encarar tudo isso com sensibilidade feminina e força masculina.

E se você não tem credibilidade suficiente para produzir esta ideia sozinho, busque a parceria com seus pares de maneira a agregá-la.

Mandelli, em seu livro *Muito além da hierarquia*, menciona que os processos de melhoria e inovação não devem ser conduzidos de forma egoísta, pois, como já dito anteriormente, sua credibilidade aumenta na proporção direta do número de pessoas que você ajuda a crescer; portanto, dê foco em aumentar a credibilidade das outras pessoas, pois elas te retribuirão com maior número de créditos.

Planeje-se, não saia fazendo as coisas sem passar por uma extensa fase de preparo, análise dos riscos, do ambiente e da estratégia de implementação, pois a falta deste cuidado pode colocar tudo a perder.

Só após esta análise você estará pronto para iniciar o processo de inovação. Por isso, segure seu entusiasmo tipicamente feminino de querer as coisas logo resolvidas, pense e planeje, controle a famosa ansiedade que há dentro de você. Coloque a assertividade masculina par e passo com o entusiasmo feminino, exercendo o comportamento andrógino.

Quem está ao seu lado?

ACREDITO ser de extrema valia detalhar a forma com que pares e superiores gostam de ser tratados, ou seja, as suas respectivas zonas de conforto, ou seja, como gerar empatia.

Segundo o Mandelli[9], as zonas de conforto de igual poder ou poder superior ao seu podem ser entendidas em quatro tipos diferentes:

Gestor muito orientado para o trabalho e pouco orientado para pessoas.

- Característica: Neste caso, as pessoas cooperam efetivamente com a sua causa, caso você consiga fazer com que elas se sintam como seu par. São pessoas que dominam o que fazem e se sentem orgulhosas disso.

- Ação: Envolva a pessoa no projeto, escute-a, peça opiniões, desenvolva o trabalho junto e deixe-a se sentir autora!

---

9 MANDELLI, P. *Muito além da hierarquia*. São Paulo: Gente, 2010.

Gestor muito orientado para relacionamento pessoal e pouco orientado para o trabalho.

• Característica: Esta pessoa não decide nada sozinha porque apresenta um certo medo de que sua decisão seja rejeitada pelo grupo.

• Ação: Proponha um grupo de trabalho para discutir a questão, e após isto envolvê-lo somente no posicionamento final. Pronto: a resistência está quebrada.

Gestor pouco envolvido tanto com trabalho quanto com pessoas.

• Característica: Diante dos projetos de melhoria e inovação, este gestor tem medo de participar, errar e sofrer um processo de expulsão.

• Ação: Para obter a sua adesão prepare-se tecnicamente para a negociação, "engorde" a sua proposta e prepare-se. Comece explicando o como e os porquês, prove.

Gestor altamente orientado para resultado e pessoas.

• Característica: Este gestor é extremamente orientado para o resultado, não gosta de mergulhar nos detalhes e não tem tempo pra nada.

• Ação: Comece falando sobre os resultados que você pretende obter, dê uma ideia do que precisa ser feito, discuta quem vai participar e marque um novo encontro de acompanhamento.

Ao ler as características predominantes de cada gestor, é certo que lhe vem à mente imediatamente as pessoas que se encaixam aqui ou ali. Esta percepção lhe ajuda a consolidar as teias do relacionamento que citamos anteriormente e ter os caminhos de acesso emocional junto às pessoas de igual ou superior poder, mais claros.

Você terá de falar com um, depois com outro, com outro, depois colocar os dois juntos, depois ir atrás do terceiro para só então fazer uma bela reunião final e tudo mais. Aqui não comece do fim pelo começo, não saia preparando os *slides* e se empolgando com o projeto, forme antes as suas coalizões, porque a resistência se propaga com uma força e velocidade incríveis!

É necessário que esta aderência esteja sob seu conhecimento, de maneira que você possa guiar o projeto, respeitando as zonas de conforto necessárias para cada indivíduo e realizando as coalizões de forma negociada, até que no final o time esteja trabalhando na essência do projeto de forma técnica.

Quando você planeja uma estratégia precisa pensar em coalizões adequadas, possíveis, funcionais e efetivas.

- Adequada: pessoas certas.
- Possíveis: que podem ser aplicadas.
- Funcionais: que tenha um objetivo claro.
- Efetiva: que cumpra a sua missão.

Aqui, suas habilidades de comunicação feminina e sua influência natural vão criar coalizões, quer seja através de técnicas educativas, coercitivas ou ambas.

Ao usar técnicas coercitivas – masculinas, você precisa necessariamente ter mais credibilidade que seu par, ao usar as técnicas educativas – femininas, você irá envolver as pessoas e elaborar o projeto junto com elas.

Não adianta você elaborar uma estratégia padrão e querer que isso funcione para todos, cada coalizão requer uma análise e um preparo específico.

Neste capítulo ficaram claras algumas formas para tornar o seu relacionamento com as equipes, pares e chefes mais efetivo, seja na execução, nas melhorias ou na inovação. Destacamos a importância de mantermos em estado de alerta toda esta questão de relacionamento, dada a direta influência na sua credibilidade, sempre lembrando que credibilidade é algo pessoal e intransferível. Faltam somente as orientações para a liderança andrógina aplicada aos processos de mudança.

O líder andrógino no contexto de mudanças organizacionais

TODAS as organizações vêm passando por mudanças dada a necessidade em ter que competir cada vez mais, sendo que os processos de mudança adquirem uma estrutura própria, ou seja, aparece a figura de alguém na organização que deve patrocinar aquelas mudanças que são diretamente do seu interesse, portanto um patrocinador.

O segundo participante de todo ambiente de mudanças é aquela pessoa, ou são aquelas pessoas que vão implementar as mudanças necessárias.

Certamente, dentro de todas as organizações existe um grupo de pessoas em cada mudança que pode e deve discutir o que tem que ser feito, mas serão as pessoas que levarão a cabo as mudanças: estas nominamos como adotadores.

Precisamos ter bem claro por quais trabalhos somos convidados nos processos de mudança; para que possamos atuar de forma eficiente independe do tipo de comportamento que estamos exercendo, seja ele mais feminino ou masculino.

O exercício destes papéis foi devidamente estudado por Ram Charan e Larry Bossidy[10], que os definem da seguinte forma:

1) O avalista: quando você é convidado só para alavancar o processo, a ideia não é sua, percebe? Neste caso você raramente perde, desde que saiba que você está somente avalizando o projeto e não deve assumir a ideia do outro como sua! Aqui a autoconfiança e competitividade típicas do estereótipo masculino precisam ficar na sombra da liderança.

2) O oráculo: o dono da ideia quer ouvir as alternativas e ideias que você tem para contribuir na ideia dele, quer usar sua experiência para aperfeiçoar a ideia que ele teve. Aqui, você também só tem a ganhar, desde que esteja ciente que ele quer ouvir alternativas e propostas e não sua opinião sobre a ideia dele. Usar a flexibilidade e sensibilidade feminina faz você andar anos-luz rumo ao caminho da excelência neste processo.

3) O "que faz": é você quem toca o projeto, porém a ideia não é sua. Fique atento, pois irá tirar as pessoas de suas respectivas zonas de conforto, irá mexer com áreas que estão teoricamente em ordem. Assim, nem sempre todos estarão dispostos

---

10 CHARAN, R. & BOSSIDY, L. *Execução* – A disciplina para atingir resultados. Rio de Janeiro: Campus.

a participar. Não se esqueça de manter o dono da ideia ao seu lado, apesar de não ter a credibilidade para colocar em prática, ele conhece o projeto como ninguém. Neste caso, há necessidade de usar com destreza tanto o comportamento feminino quanto o masculino: no feminino, coloque em prática o alto poder de comunicação e influência, a flexibilidade e a sensibilidade, enquanto no masculino use a assertividade, a força e a diretividade.

Como podemos observar, as denominações na relação hierárquica, ou seja, chefe/subordinado, líder/liderado, diferem totalmente das denominações dos papéis que as pessoas exercem nas mudanças.

Líderes andróginos têm muito mais facilidade em adaptar-se às mudanças de forma inovadora, se comparados com os líderes somente com comportamento feminino ou masculino, como vimos anteriormente. Estes líderes, em qualquer um desses papéis na gestão de mudança, necessitam, então, de muita flexibilidade, adaptabilidade, colaboração, geração de sinergia, trabalho em ambientes de incerteza com autoconfiança e, portanto, apresentando um comportamento andrógino.

Desta forma, podemos discutir sobre o ambiente de mudanças, dando ênfase àqueles líderes que apresentam tanto características femininas quanto masculinas em seu dia a dia, pois sabemos que estes terão mais sucesso no processo de mudança organizacional. Note que aqui não estamos falando sobre gênero, mas sobre estereótipos de comportamento. Você pode ser homem, mulher, ter qualquer orientação, não é isso que está em questão, o importante é identificar se suas características são essencialmente do estereótipo feminino, masculino ou se você já tem um perfil mais andrógino.

Vamos lá...Vale a pena ter em mente que as mudanças são sempre *top down*, não existem mudanças de baixo para cima, todo gestor pode sim ter as ideias de mudança, mas cabe à alta direção autorizar a implementação. Olhando por este prisma, as características femininas da liderança, de adaptabilidade, entendimento do outro, escuta aberta e flexibilidade são de grande valia.

No processo de mudança, a liderança precisa ser forte, a sua credibilidade ou do patrocinador precisa ser alta, e já descrevemos como criá-la e mantê-la em **capítulos anteriores**.

Não se assuste se houver um pequeno *tsunami* na mudança! Afinal, a vantagem do líder que exerce uma liderança mais feminina é que ele consegue enxergar esses *tsunamis* com naturalidade e agir de maneira mais simples em situações emergenciais sem perder o foco do dia a dia, graças ao seu potencial para lidar com diversas coisas ao mesmo tempo.

Vale lembrar que, para que as mudanças aconteçam, há a necessidade em criar um certo senso de urgência. A mudança não deve ser lenta. Assim sendo:

- Trace o caminho que precisa ser percorrido, usando a visão lógica existente no comportamento masculino.
- Inspire uma visão compartilhada, usando o poder de persuasão existente no comportamento feminino.
- Desafie o processo, usando o alto poder de estimulação da competitividade e força existente no comportamento masculino.

- Capacite os outros a agir, usando a compassividade e o cultivo de talentos do comportamento feminino.

- Encoraje as pessoas, tendo este item como um dos mais importantes do processo, e usando a cordialidade, a simpatia, a gentileza e o carinho do comportamento feminino[11].

Desta forma você consegue engajamento desde as primeiras ideias, e elas assumem o fazer acontecer: a organização ganha porque a mudança acontece e as pessoas ganham melhoria de autoestima e maior nível de credibilidade perante os demais.

Não podemos esquecer que os processos de mudança não estão fundamentados na relação hierárquica, e portanto dependem diretamente de como você participa dele. Desta forma:

- Seja honesto com você e com os demais, sem medo de perder ou ganhar com a sua honestidade, pois jamais alguém irá te culpar por ter sido honesto; a honestidade não tem a ver com estereótipo de comportamento, mas com caráter.

- Seja proativo, trabalhe junto com as pessoas e não para as pessoas, demonstrando uma preocupação genuína com o futuro da organização; use aquilo que há de latente no comportamento feminino para unir-se às pessoas, para fazer junto, aqui; deixe de lado a autossuficiência masculina e coloque em prática a colaboração feminina.

---

11 KOUZES & POSNER. *O novo desafio da liderança*. Rio de Janeiro: Campus.

- Seja inspirador, entusiasmado e empolgado, pois estas características demonstram o seu comprometimento pessoal na luta pela realização do sonho da organização. A inspiração vem da motivação interna, por isso conheça a si mesmo, invista tempo nisso, independente do seu gênero.

- Comunique-se muito, de forma que sua visão sirva para atrair e engajar as pessoas; use o alto poder de persuasão e comunicação feminina, sem esquecer da diretividade masculina para não se tornar prolixo.

- Esforce-se! As pessoas que te cercam precisam admirar a sua dedicação, você precisa ser dono de uma experiência considerável e ainda ter uma serena capacidade de julgamento.

Um olhar mais aguçado nos processos de mudança nos faz perceber que nela não existem resistentes e sim desistentes, pois como a mudança vem sempre de cima para baixo, ou você adere ou você fica fora do processo.

Para definir a mudança precisamos saber como agir e como mobilizar. O como agir geralmente está claro em nossas mentes, já o como mobilizar fica no improviso. A comunicação é somente uma parte da mobilização, e aqui as características do estereótipo feminino de cuidado e comunicação, bem como a diretividade e a assertividade presentes no estereótipo masculino, trazem vantagens para o processo a ser percorrido.

Mais uma vez o comportamento andrógino é o grande vencedor!

Liderando mudanças na organização

PARA conseguir a mobilização e realizar o que precisa ser feito, precisamos entender as relações sociais/emocionais da organização, isto é, entender quais fatores impedem que as pessoas saiam da sua zona de conforto. Os líderes com características do estereótipo feminino, como falamos **anteriormente**, facilitam a comunicação e envolvem as pessoas naquilo que precisa ser feito; além disso, o olhar multifacetado consegue identificar mais facilmente as razões individuais para a adesão ou não à mudança e trabalha nestas razões.

Aqui, se você tem as características femininas latentes, precisa tomar um certo cuidado, pois, com sua facilidade em comunicação, se não houver diretividade você ficará numa posição em que a velocidade pode ser burlada pela geração de desculpas na execução. Como o líder feminino é mais condicionado a ouvir os outros, sofre a consequência do bloqueio da alta velocidade pelas suas inquietações inerentes a esta escuta aberta e sensibilidade típica do estereótipo.

Todo processo de mudança tem alguns pilares que sustentam a mobilização das pessoas para os seus objetivos:

• O primeiro deles é a grande necessidade de tornar este processo, por mais duro que seja, algo simples para as pessoas, sempre buscando o envolvimento e engajamento de todos: Uma importante orientação para que isto aconteça está baseado na forma que o líder divide e compartilha as responsabilidades nos desafios e tarefas entre as pessoas envolvidas. Claro que mudança é trabalho adicional à rotina, e consequentemente surgem resistências. Não perca as esperanças, pontue o andamento do projeto constantemente, mostre o lado positivo, reforce as conquistas, faça com que percebam o desenvolvimento profissional que a mudança lhes confere.

• Um segundo pilar, difícil, mas necessário, é a polivalência, pois a maior parte da motivação das pessoas para permanecer na empresa e se envolver com os objetivos dela vem através da percepção das oportunidades de desenvolvimento profissional.

A utilização das pessoas em espaços de aprendizado, gerando desafio e autonomia, força esta polivalência individual, e para isso cabe à liderança buscar uma visão multilateral, uma visão que permita a percepção de todas as oportunidades de aprendizado disponíveis na organização.

• A força da hierarquia, que está enraizada nas pessoas, precisa ser minimizada para os processos de mudança, para que as pessoas sintam que estão sendo utilizadas em seu total potencial com autonomia e liberdade para discutir e levar adiante as ideias.

- O terceiro pilar é a promoção da troca de informação e treinamento. Você precisa mediar as reuniões de forma que elas sejam produtivas e dividir as tarefas para que as pessoas sintam-se parte da mudança. Isso reduz as barreiras e limitações, promovendo um ambiente onde as ideias são realmente escutadas, onde a *expertise* de cada um é levada em conta e usada em prol do bem maior.

Insista na construção destes pilares, de modo que a formação de cada um deles venha compor a mobilização, onde o aprendizado, a autonomia e a cooperação formem comportamento comum.

Avalie constantemente o processo, conscientize-se de suas atitudes, exerça a androginia e lidere com maestria!

Refletindo... sobre gestão de mudança

MAS a quem cabe a liderança dos processos de mudança? Seria para o líder com maior ênfase no comportamento feminino ou masculino?

Como encontrar aqueles que realmente farão a diferença no processo? Como encontrar aqueles que são bons para o que há de vir e não para o que já foi?

Aqui, as características do estereótipo feminino que dizem respeito à interpessoalidade trazem vantagens na percepção do outro e consequentemente vantagens em um cenário de mudanças.

Os dois grandes focos em qualquer organização são a gestão de pessoas/trabalho e a gestão financeira/resultado:

- No que tange à gestão de pessoas convém salientar que as pessoas que têm desempenho diferente, precisam ser reconhecidas de forma diferente. Caso isso não aconteça, não existirá alta *performance*. A nuança feminina entende que tratar diferente é "mimar", e não é disto que estamos falando.

Estamos falando aqui em oportunizar ainda mais o desenvolvimento para aqueles que apresentam alta *performance*. Isso não é jogá-los num triturador de talentos, mas sim desenvolvê-los ainda mais.

- A gestão financeira/resultados depende fortemente da criação de um ambiente racional onde metas, indicadores e desvios dos mesmos têm que ser avaliados, discutidos tecnicamente e decisões precisam ser tomadas para a correção de rumo. Seguindo, esta sim é uma nuança masculina que faz a diferença.

Continuando na nossa reflexão, é sempre bom lembrar que a meritocracia leva as pessoas a se engajarem. Porém, por quanto tempo?

A tendência é que o ambiente fique estressado e as pessoas passem a procurar desculpas e se esconder, porque são tantas coisas a serem feitas, que o time se perde. As pessoas acabam se envolvendo com tudo e não conseguem fazer com excelência nada do que foi proposto.

Refletindo... sobre a meritocracia

IMPLANTANDO a meritocracia o líder consegue aumentar o nível de engajamento das pessoas, mas por quanto tempo? A meritocracia deve ser recheada com um alto nível de relacionamento entre as pessoas, de modo que cada um perceba o seu real valor e que tenha seus méritos reconhecidos não somente na escala das metas, mas também no campo dos centros de poder do contexto organizacional.

Portanto, levar as pessoas a querer fazer as coisas torna-se muito mais essencial do que fazer as pessoas fazerem as coisas, e aí entra o comportamento feminino que por seu alto poder de comunicação e manutenção da euforia e alegria faz as pessoas se engajarem com mais facilidade. Vale a pena pensar nisso com o objetivo de se tornar um líder mais eficaz.

Quem produz e entrega apenas o resultado pedido cumpre seu papel, mas quem entrega resultados superiores gera confiança. Assim, apresentar resultados que superem as expectativas e demonstrem clara preocupação com as pessoas gera um relacionamento saudável. Neste sentido, o estereótipo feminino já traz a preocupação com o outro, é natural da essência feminina; então, se você for mulher, basta deixar isso aflorar, e, se for homem, busque no seu íntimo essa qualidade e torne essa ação consciente exercendo o comportamento andrógino.

Refletindo... sobre sua equipe

QUANDO você, como líder, encontrar um baixo desempenho no time, lembre-se que você é um grande espelho para a sua equipe, então pergunte a si mesmo o que está fazendo que provoca esta ou aquela situação. Somente com esta resposta clara você poderá avaliar adequadamente e tomar as atitudes necessárias.

Os modelos de liderança adotados nos anos de 1990 não são mais aqueles que devemos seguir hoje, a liderança nas organizações contemporâneas focam na valorização humana, no desenvolvimento das pessoas, nos benefícios do bom relacionamento e acima de tudo na aptidão em enxergar o potencial próprio e do outro.

De lá pra cá, todos têm aprendido a cuidar de gente, e nisso, quanto mais aguçado for o comportamento andrógino, mais disposto o líder estará para enfrentar esta jornada que envolve emoções, sentimentos e atitudes mais humanizadas.

Para gerir pessoas há a necessidade de entender qual o nível de apoio e aconselhamento que cada integrante do time requer. Não se pode tratar o time como tendo um formato único, cada integrante tem necessidades diferentes e está em momentos diferentes em suas respectivas jornadas profissionais.

É aqui que você decide como quer desempenhar este papel:

- Direcionando: siga por tal caminho, se precisar estarei aqui.
- Treinando: Isto deve ser feito de tal forma e, se precisar, faremos juntos.
- Orientando: Entendo como você fez, mas vamos descobrir novos caminhos.
- Desafiando: Isto está ótimo, confio em você para fazer melhor ainda.

Esta abordagem não é uma escolha singular, mas algo que você precisa fazer o tempo todo, de jeitos diferentes, levando em consideração cada pessoa e cada desafio.

Não somos ensinados desde cedo ao uso de muito obrigado, por favor e desculpa? Então, o aperfeiçoamento deste aprendizado, no contexto da liderança, reforça o por favor, mas torna indispensável o obrigado. O por favor, dito ou não, fica intrínseco ao requisitar tarefas, mas o obrigado é condição *sine qua non* na recompensa, reconhecimento, estímulo e motivação da equipe. Neste aspecto, os líderes com características do estereótipo feminino tiram isso de letra, pois deixam evidente a gratidão, e com isso ganham mais um ponto!

Não se constrói um time de alta *performance*, mas possibilita-se que as pessoas de alta *performance* tenham ações que atinjam a visão. O papel do líder está em permitir a alta *performance*, pois ele tem uma relação de dependência com o comportamento do time.

Porém, note, ao querer mudar tudo em comportamento coletivo, não se muda nada. Assim, escolha alguns pontos a serem trabalhados por você e pela sua equipe e coloque foco neles. Resolva um ponto, e só então dê o próximo passo; não queira resolver tudo de uma vez só!

Use as linhas abaixo para uma reflexão pontual do que precisa ser trabalhado, identifique qual o comportamento, se feminino ou masculino, você precisa exercitar, e então esteja pronto para o próximo passo: a execução.

Concluindo

Reflexões sobre carreira

GERIR para a organização utilizando o comportamento andrógino é apenas uma parte do caminho profissional de um líder. Pensar nas suas perspectivas, ou seja, na sua carreira, é tão importante quanto gerar resultados para uma organização. Desta forma, o planejamento formal da sua carreira não é algo que deve ser abandonado ou delegado a terceiros. Assim como uma empresa tem seu planejamento estratégico, você deve ter o seu, ou seja, aplique a racionalidade, que é tipicamente masculina, porém, uma vez que seu plano estratégico esteja pronto, não deixe de buscar oportunidades, relacionar-se, conviver, passar por cima do seu plano e achar as oportunidades, o que é tipicamente feminino.

Pense em sua carreira com um plano de desenvolvimento, estabeleça os aprendizados que você quer ter a curto, médio e longo prazos. Defina o que você precisa para caminhar rumo a isto, use o lado masculino da força, autossuficiência e diretividade para focar naquilo que é relevante. Não perca seu tempo com as coisas que não te levarão a lugar algum, tenha foco na sua carreira, no seu autodesenvolvimento. Desenvolver carreira sem autoconhecimento é uma tarefa impossível; assim, invista tempo em perceber a sua forma de atuação, equilibre os comportamentos femininos e masculinos, esteja atento ao que está acontecendo ao seu redor, seja andrógino até mesmo ao definir os passos para o seu sucesso!

	O que fazer?	Como fazer?	Estereótipo de comportamento feminino ou masculino?
Curto prazo			
Médio prazo			
Longo prazo			

Entendendo o que está acontecendo

O MUNDO corporativo hoje exige que líderes estejam a todo momento mudando de chapéu, conscientizando-se de todos os papéis que precisam desenvolver na empresa, pois em todos os papéis há a necessidade em exercer influência. Há um consenso de que sem influência não há liderança, já que liderar é influenciar pessoas. As características do estereótipo feminino de comunicação e persuasão são pontos que novamente favorecem a liderança, mas vale lembrar que os homens também podem possuir este perfil, mas nas mulheres isso é inato!

Poder de influência é trabalhar com as pessoas e não apesar delas, e neste cenário de trabalhar com pessoas você precisa focar na alta *performance* que necessita ser integrada na cultura de sua equipe e da empresa.

É claro que não conseguimos manter a alta *performance* em todos o tempo todo, ela oscila, certo? Mas com a alta *performance* presente na cultura da equipe e da empresa, a solução dos problemas é ágil e, mesmo em situações de crise, a prática dela não se esvai.

Adotar instrumentos para não deixar a *performance* cair é importantíssimo. Na gestão de pessoas, estabelecer instrumentos e prová-los a todo momento faz a empresa manter-se equilibrada emocionalmente e dentro de uma cultura organizacional saudável.

A alta *performance* é um convite à equipe, isso não é visão nem estratégia, é fazer as metas acontecerem, mas quando a organização precisa que as pessoas atinjam níveis superiores, aí sim, precisamos definir a visão e a estratégia. Não podemos esperar alta *performance* convidando o time para a disciplina, mas sim para o risco. Disciplina, por si só, não traz alta *performance*, mas enclausuramento organizacional.

A grande questão é como implementar esse clima de risco, de força, de garra, de vontade nas organizações. A influência exercida pelo líder é o diferencial na apresentação dos riscos da situação e no envolvimento do time para resolver as questões do dia a dia.

A tradução deste clima se expressa num cenário de foco em resultados (sistema de metas que precisa estar entrelaçado com o nome de cada pessoa). O time precisa saber claramente de quem é a responsabilidade por este ou aquele resultado; quando isso está claro para cada indivíduo na empresa, quando o líder entende e conhece as especificidades de cada um da sua equipe, entender o caminho a ser seguido e onde se irá chegar é muito mais tranquilo.

O gerenciamento de processos, o gerenciamento saudável do sistema psicossocial da empresa, desenvolve um código, e esse código estabelece muito mais credibilidade entre as pessoas. Trazendo isso para o cenário corporativo no Brasil, aqui falo da famosa "rádio peão": as pessoas se deixam influenciar por essa corrente de informação, e frequentemente tomam decisões baseadas nestas informações; desta maneira, a gestão para de funcionar, ela passa a gerir com foco na rádio peão, e isso não é positivo nem para a organização nem para a gestão. Os líderes com características femininas afloradas têm a tendência de ouvir demasiadamente a rádio peão devido a sua natureza de escuta aberta, porém, além da escuta aberta, você precisa filtrar de maneira madura o real do imaginário.

Aqui você tem o comportamento andrógino como um fator preponderante, onde a sensibilidade para ouvir e entender a comunicação informal presente nos corredores, passa pelo filtro da racionalidade e criticidade do estereótipo masculino.

Com todas as informações, e diante de todas as reflexões que foram propostas até agora ao longo do livro, creio que há uma abertura muito maior em sua visão dos comportamentos necessários para liderar num ambiente corporativo contemporâneo.

O que está em questão não é mais o comportamento do estereótipo masculino ou feminino. Você já consegue olhar para esses conceitos de uma forma mais ampla e perceber onde agir, convergindo num comportamento andrógino, onde você flutua suas atitudes e pensamentos de forma consciente de acordo com as pessoas ou situações a serem enfrentadas.

As ferramentas para cada situação foram descritas ao longo deste livro, e seguramente você as identifica presentes na sua conduta em maior ou menor grau. Agora cabe a você se autoconscientizar e aperfeiçoar estas características para aplicá-las adequadamente conforme as situações enfrentadas no dia a dia de seu papel de líder.

Liderança andrógina não é uma questão de gênero, mas um estilo de gestão! Sua escolha!

Apêndice I

A problemática da liderança feminina exercida por mulheres

COMO elas se sentem e o que têm relatado:

Em 2013, conduzi um estudo sobre o tema liderança feminina e a análise das características deste estereótipo. Conversei com diversas líderes e defini como base quatro temas principais, buscando entender as situações específicas vivenciadas por elas ao exercer a liderança:

- Entender a evidência do estereótipo feminino ou masculino nas diferentes práticas destas líderes.

- Analisar a visão destas líderes quanto à conduta aplicada para o desenvolvimento de equipes de alta *performance*.

- Obter informações quanto a conscientização ou não dos estereótipos em suas práticas diárias.

- Quais eram as pessoas que inspiravam estas líderes e quais as características de liderança evidenciadas nessas pessoas que elas inseriam em suas práticas.

Para minha surpresa, ao final deste estudo, identifiquei que a liderança feminina por si só não basta, mas temos a necessidade em convergir o masculino e feminino para obter sucesso e engajamento da equipe.

Todas as líderes que participaram do estudo disseram que seu comportamento evidencia um agir mais como "mãe" da equipe do que como líder em si. Apesar de declararem que este instinto de maternidade presente intrinsecamente em suas ações era positivo nos resultados obtidos, havia uma luta interna não declarada que denunciava a percepção destas líderes da necessidade de uma conduta mais fria, mais racional e mais diretiva. Intuitivamente, estas líderes já percebiam a necessidade do entrelaçamento dos estereótipos masculino e feminino na conduta esperada delas como líderes.

As participantes, que são todas líderes e também mães, descreveram várias situações que evidenciam que tratam seus seguidores como seus filhos, inconscientemente; então, ao invés de entender esta relação dos parâmetros profissionais, elas tendem a ser muito mais pessoais na interação com a equipe.

Palavras como amor, compreensão, emoção, respeito e bondade são regularmente apresentadas nos discursos destas líderes, o que indica uma abordagem bastante feminina para a liderança.

Nota-se também que elas contam com o carisma, com a facilidade de estabelecer contatos, ou seja, suas habilidades interpessoais inatas para influenciar os outros. Homens, por outro lado, são mais propensos a usar um estilo direto de comando e controle, contando com a autoridade formal de sua posição para influenciar os outros.

Também podemos ressaltar que há uma tendência para que as líderes do sexo feminino sejam mais democráticas do que os líderes masculinos, o que se origina da escuta aberta ativa, inerente ao estereótipo feminino.

Sobre o relacionamento entre líderes femininas e liderados, transcrevo abaixo as afirmações feitas por algumas delas durante as entrevistas para a sua análise:

- "Quando eu preciso ter uma conversa com os meus seguidores porque algo está errado, eu os chamo em minha sala para uma conversa como se fossem meus filhos que precisam ser educados; isso significa que faço comunicação usando amor e compreensão".

- "Eu vejo todos os meus seguidores como meus filhos, há um tipo de parceria no meu relacionamento com eles. Eu sempre tento entender o comportamento deles, somos uma grande família".

Fica evidente o quanto as citações acima demonstram o foco das líderes em relacionamento? Não é interessante perceber que elas lideram com foco em relacionamento e fazem isso conscientemente, pois verbalizam esta postura de forma clara?

Ter foco em relacionamentos gera na liderança um certo apoio socioemocional para a equipe, o que amplia a sensação de satisfação e o sentimento de conforto emocional, influenciando no desempenho da equipe de forma positiva ou negativa, dependendo da intensidade do excesso ou da falta de vínculo estabelecido.

As entrevistas mostram que as participantes estão dispostas a entender os problemas pessoais dos seus seguidores e, quanto mais próxima deles, maior será o espaço que eles têm para falar de assuntos pessoais em ambiente de trabalho. Em contraste, quando perguntado sobre como lidar com problemas pessoais dos seguidores, elas afirmam que investem no relacionamento; por isso elas querem respeito, compromisso e comprometimento, como equivocadamente estabelecesse uma moeda de troca entre bom relacionamento e cumplicidade.

Todos as participantes afirmaram ter dificuldades em lidar com problemas pessoais de seus seguidores, mesmo cientes de que isso não deveria interferir em ambiente organizacional. Esta situação ocorre devido a flexibilidade e compreensão declarada por elas, o que são características típicas no estereótipo feminino.

Estas líderes também demonstraram um certo desconforto com a sensação de que seus seguidores tiram vantagens de seu lado feminino – características como a nutrição, o calor, e o apoio – para assim obterem favores.

Elas levam muito mais em consideração a relação do que o desempenho para promover ou premiar. Ao mesmo tempo, todas elas indicam claramente a necessidade de dar espaço para a compreensão no local de trabalho como forma de avaliação, o que é uma característica comumente encontrada em mulheres, onde os traços comunais implicam a tendência de ser amigável, altruísta e expressiva, tentando entender as pessoas com foco em sua situação pessoal, ao contrário do estereótipo masculino, onde praticidade, diretividade e foco em alta *performance* são inatos.

Mulheres que mostram traços masculinos são muitas vezes consideradas menos valorizadas pela equipe. Da mesma forma, a competência destas mulheres aumenta a probabilidade delas serem percebidas como frias. É interessante perceber que esses preconceitos com as mulheres, que violam o estereótipo social, estão presentes na percepção tanto de homens quanto de mulheres.

Além disso, uma mulher que adota um estilo de comando e controle, ou se comporta de uma forma demasiadamente assertiva, corre o risco de não ser bem-vista, muito embora homens que apresentarem tais características sejam valorizados exatamente por isso.

Ao abordarmos o tema comunicação, fica claro que as líderes percebem ser este um dos fatores-chave para o seu sucesso em liderança. Todas as participantes afirmam usar seu poder de persuasão para obter exatamente o que querem de seus seguidores, evidenciando fortemente o uso do estereótipo feminino em sua liderança.

A comunicação destas líderes tende a ser mais colaborativa. A troca, dar e receber, é usada para estabelecer *rapport* e conexão. O assunto da conversa muitas vezes é secundário na construção do relacionamento.

As líderes tendem a usar a linguagem para comunicar sensações, bem como transmitir informações. No entanto, de acordo com as entrevistas realizadas para este estudo, os seguidores não consideram a comunicação com suas líderes como sendo clara, eles verbalizam que se sentem sobrecarregados pela quantidade de pressão que elas usam para conseguir o que querem através de suas habilidades de comunicação persuasiva.

Está claramente demonstrado que, quando as líderes são assertivas e diretas, os seguidores tendem a mostrar resistência para a sua liderança devido a este comportamento masculinizado da líder, já que sua expectativa é a de enfrentar um comportamento essencialmente calcado no estereótipo feminino e não masculino.

Perceba que, no presente estudo, as líderes se comportam utilizando uma mistura das características de estereotipia do sexo masculino e feminino, na maior parte do tempo ao conduzir a equipe. O comportamento delas é governado por seus múltiplos papéis, que se alternam e se mesclam na "mulher" e no "líder".

O que está claro é que as líderes comportam-se em várias situações de forma andrógina e, de acordo com a Teoria da Função Social[12], um estilo de liderança andrógino é a abordagem mais eficaz para os objetivos organizacionais, tais como alto desempenho e eficácia.

A combinação de masculinidade e feminilidade fornece o máximo de benefícios e também explica diversas premissas sobre a identidade andrógina e o estilo de liderança. Isso nos dá um amplo repertório de respostas, e flexibilidade de resposta nas demandas situacionais e na eficácia.

---

12 EAGLY & WOOD, 1991.

Mesmo com estas líderes se declarando como democráticas e melhor que os homens, em vários momentos elas se alternam entre o estereótipo feminino e masculino, com o objetivo de ganhar respeito e satisfazer as suas necessidades emocionais.

Líderes femininas mudam seu comportamento a partir de uma abordagem de relações humanas e tentam manter-se amigáveis, apoiando seus seguidores, tendo alta preocupação com a produção, com a realização, a orientação, a produção orientada, o objetivo de alcançar, e o trabalho de facilitadora. Estas afirmações demonstram que as mulheres tem a percepção não declarada da necessidade de um comportamento andrógino, que objetiva que os estereótipos masculino e feminino se evidenciem alternadamente em sua prática.

Essas mudanças de comportamento deixam claro que líderes do sexo feminino equilibram seu estilo de liderança entre foco em tarefa e foco em relacionamento.

Outro item interessante do estudo foi que líderes mulheres mostraram ter como modelo de liderança figuras masculinas: antigos chefes, professores, homens da família em altas posições de liderança.

Uma controvérsia nesta análise, é que, mesmo evidenciando que se espelham em homens para construir seu perfil de liderança, afirmam que as bases de seu próprio sucesso como líder são características femininas como nutrição, calor, sensibilidade e escuta.

É evidente que as mulheres encontram mais dificuldades que os homens em obter respeito e admiração, como ilustrado abaixo por uma das participantes da pesquisa:

- "Meu pai é meu modelo, eu o admiro por ele receber respeito dos outros sem ter necessidade de posicionar-se para tal. Ele tem respeito e admiração simplesmente por ser quem é. As pessoas pedem conselhos a ele e o admiram, e eu gostaria de ser uma pessoa respeitada e admirada como ele. O incrível é que ele tem esse respeito, não porque ele é homem, forte, poderoso e autoritário, mas sim porque ele escuta, respeita as pessoas. Sua força vem de seu caráter e da humanidade que ele transparece em cada ação, de sua demonstração genuína em fazer o bem, o que é certo."

Ao ouvir a declaração desta líder fica claro que ela percebe em seu pai a androginia.

É evidente, a partir de muitas análises, que, mesmo para as líderes que têm como modelo quase sempre um homem, existe a percepção da necessidade de características femininas para conferir ainda mais poder a seu estilo. É como se elas quisessem agir como um homem apenas para ter o mesmo respeito que eles têm, mas sem abandonar as características femininas que elas sabem que são importantes para o seu sucesso como líder.

As mulheres encontram mais antipatia e rejeição do que os homens para mostrar dominância, expressar sua discordância, ou ser altamente assertiva ou expressar autopromoção.

Em contrapartida, quase 80% dos colaboradores destas líderes, ao serem entrevistados, declaram-se como empregados, não seguidores. Eles argumentam que as líderes do sexo feminino usam suas habilidades de comunicação para convencer a equipe, em vez de mostrar-lhes o caminho certo a ser percorrido. Além disso, apesar da comunicação feminina ser um ponto forte, todos os seguidores evidenciaram que há espaço para a melhoria da comunicação em sua relação com as líderes. Veja que interessante: a partir daqui percebemos que a equipe espera um comportamento do estereótipo feminino destas líderes que, quando não é demonstrado de forma eficaz, gera resistência na equipe.

Todos estes liderados destacaram que eles teriam uma comunicação mais clara com os seus líderes se eles estivessem subordinados a homens, além de mencionarem que sua relação seria muito menos pessoal. Além disso, mencionam ser mais benéfico para a sua vida profissional não ter uma abordagem pessoal de seus líderes, pois não teriam que ficar compartilhando seus problemas pessoais com suas lideranças femininas a fim de obter um relacionamento mais próximo e, como consequência, melhores oportunidades de desenvolvimento da carreira.

Além disso, os seguidores encontram dificuldades durante a comunicação, pois líderes mulheres são muito pessoais em relacionamento, e os liderados gostariam de uma relação mais profissional e mais distante. Isto é incongruente, visto que, embora a pessoalidade das líderes seja encarada como algo positivo, a equipe não quer que seja assim tão próxima. Aqui está claro que a equipe espera que a líder seja feminina, mas quando isso acontece eles querem que estas líderes apresentem a característica feminina de comunicação, mas dentro de uma abordagem mais masculina de diretividade, ou seja, os liderados também valorizam a androginia.

A líder pode ser rejeitada porque as pessoas acreditam que ela não possui as qualidades masculinas associadas à liderança eficaz, ou porque ela as possui em demasia. Esta rejeição acontece por causa dos modelos de gênero, ou seja, as expectativas sobre o que homens e mulheres devem fazer, exigindo que as mulheres apresentem um comportamento feminino e não masculino.

As líderes que participaram do estudo declaram que suas características femininas facilitam o relacionamento com seus seguidores, percebendo, mas não verbalizando, que seu sucesso se deve a união de comportamento de ambos os gêneros nas práticas do dia a dia.

Existem muitas nuances nos papéis que exercemos; assim, precisamos refletir para nos conhecermos enquanto líderes... Aprofunde-se nessas nuances, envolva-se nas questões antagônicas de gênero, questione-se sem medo e com profundidade.

Atue. Divirta-se. Seja líder e não esteja líder.

Apêndice 2

A caça ao líder andrógino

Validando a liderança andrógina,
por Leonel – CEO Smiles

Com o objetivo de evidenciar a relevância em identificar os comportamentos masculinos e femininos na liderança e a importância em atuar de forma consciente sobre eles, Leonel, historiador e atual CEO da Smiles, nos ajudará neste capítulo a entender como a sua atuação andrógina tem contribuído para o futuro das organizações.

Leonel é baiano por naturalidade, mas hoje está bastante integrado ao caos da cidade de São Paulo, devido ao seu gosto, quase que estranho, por viver em meio ao caos das relações interpessoais.

Ele conta que teve uma infância deliciosa, porém uma adolescência difícil, pois foi quando perdeu seu pai e precisou se posicionar de forma diferente perante a vida. Porém, tal infortúnio provocou nele sentimentos nunca antes vivenciados, e foi a partir deste luto que ele e sua família começaram a perceber a importância da gratidão nas pequenas coisas da vida. Eis que surgia um futuro "líder andrógino".

O seu gosto por gente e relações é fortemente evidenciado desde o primeiro contato pessoal. Hoje é um homem que valoriza o ser humano, que percebe as nuanças afetivas individuais das pessoas, que é grato por natureza, e que tem como maior legado desenvolver pessoas para um futuro melhor.

Leonel percebeu que gostava de gente e que sua maior felicidade estava em desenvolver pessoas quando assumiu pela primeira vez uma equipe com 40 pessoas no setor bancário. A partir daí ele soube que o negócio dele não era trabalhar, mas sim estar com pessoas e desenvolver relacionamento. Literalmente, apaixonou-se pelo caos das interações humanas.

Em seu relato, fica bem claro que a gratidão é a grande palavra de sua vida, e que a crença de que todas as pessoas são boas norteiam suas atitudes. Por aqui começamos a perceber um comportamento bem humanizado e feminino.

Quando toda essa gratidão e paixão por gente é trazida para o ambiente organizacional, é ele quem faz a grande diferença por onde passa. Seu alto poder de mobilização leva as pessoas para direções desconhecidas com uma maestria que só ele tem. O seu poder de influenciar as pessoas, extremamente feminino, é o que move as equipes, tornando-as engajadas na causa justamente pela cumplicidade e pela tão famosa gratidão deste cuidado individualizado que Leonel tem com as pessoas que trabalham com ele.

A sua execução dentro do ambiente organizacional é diferenciada porque este líder simplesmente sente prazer em fazer as pessoas se desenvolverem. Ao se dedicar a isso, ele desenvolve muito mais o relacionamento pessoal, consequentemente seus liderados passam a confiar mais, e assim se estabelece o engajamento através da cumplicidade. Claramente, Leonel sempre quis fazer melhor que os outros e encontrou o seu diferencial em gerir pessoas com excelência de forma humanizada.

Quando se olha no espelho, esse líder andrógino se vê como um gestor comercial nato, pois tem prazer e se realiza ao ver um ciclo completo e perceber o quanto este ciclo pode mudar a vida das pessoas. Sua existência está firmada em mudar e contribuir com a vida alheia e gerações futuras.

O mais interessante disso tudo é que a androginia neste caso é natural e foi causada por um luto de adolescência. Quando questionado por que age desta ou daquela maneira, a resposta simplesmente é: sou assim naturalmente.

Aqui é importante entender que a androginia pode e deve ser aprendida por aqueles que não a exercem de forma natural. O importante disso é usá-la como forma de agregar valores mais humanizados dentro das organizações atuais.

Por ter um olhar fortemente voltado para pessoas, é muito clara a sua percepção de que as decisões tomadas por um líder precisam necessariamente ter foco em gente. Os líderes precisam entender o quanto suas decisões podem e afetam milhões de pessoas hoje e futuramente. Essa é a consciência de um líder andrógino!

Leonel é pragmático nos negócios, mas não racionaliza suas ações. A espontaneidade e a expansividade são palavras-chave nas suas atitudes e o sentimento tem passe livre na sua execução.

A prontidão também faz parte de um líder que se importa com pessoas, pois está sempre disposto e pronto para ouvir e investir em gente, de modo que fica evidenciado que o que preenche a satisfação deste profissional é encontrar gente nova, abrir novos horizontes e desafiar as pessoas a se desenvolverem.

Agora vamos abordar, uma a uma, as características essencialmente femininas e masculinas através das palavras do Leonel, um líder andrógino:

Ambição (apesar da ambição ser um comportamento do estereótipo masculino, Leonel consegue transformá-lo em feminino através da expressão de sentimentos aflorados): *"Adoro ver gente ambiciosa que quer melhorar, mas há pessoas que vendem a alma por querer algo mais, e este é um grande equívoco! Na minha vida sempre quis crescer e aprender, sempre fiz diferente e nunca passei por cima de ninguém para atingir minhas metas. Quando a ambição está voltada para desejos, ela é muito positiva.*

Força (comportamento masculino aflorado): A força se traduz em relacionamento com ambição e desejo.

"Acredito que é muito gratificante perder para alguém que é melhor que você. Perder para os outros é muito legal, pois promove o desconforto e nos faz buscar melhores práticas; agora, perder para si mesmo é inaceitável.

Tenho uma força incrível dentro de mim e ela me força a estar sempre em busca do melhor. Por ter este incômodo, eu geralmente não perco oportunidades, porque essa força me move para evoluir."

Sensibilidade e simpatia (comportamento feminino aflorado): *"Meus amigos dizem que sou um boxeador com MBA, isso significa, tenho conhecimento de causa, mas às vezes ajo com grande intensidade, mas sempre dentro das regras do jogo. Porém, exerço tanto a simpatia como a sensibilidade constantemente, pois basta que uma pessoa perceba que foi notada dentro do ambiente organizacional e ela se transforma.*

Ser sensível à causa do outro faz com que a pessoa se doe e acabe trabalhando pelo chefe e não pela organização em si.

Note que as pessoas geralmente abandonam o chefe e não a empresa".

Leonel usa a sua sensibilidade como ferramenta de liderança, quando a equipe percebe isso, devolve a ele na forma de engajamento.

"Conselho: Qualquer indivíduo tem disponibilidade para sentar pelo menos 15 minutos por dia com alguém de sua equipe e perguntar: Como você está hoje? Isso é uma questão de disciplina. O maior erro dos líderes é olhar para as posições e não para as pessoas em si."

Agressividade (comportamento masculino neutro e não utilizado): *"Nada que é conquistado com agressividade dura a longo prazo. Agressividade não mostra a capacidade do líder. Indivíduos agressivos não se realizam".*

Cordialidade (comportamento feminino usado com cautela): *"Tem gente que acredita que tudo precisa ser conquistado com cordialidade, mas tenho visto que o excesso deste comportamento se traduz em falsidade".*

Independência (comportamento masculino neutro e não utilizado): *"Não conseguimos nada sozinhos, precisamos perceber que o mundo é feito de relações. O risco da independência é que ela acaba se transformando em petulância. Não conheço ninguém no mundo que é independente, basta ter um problema para você perceber isso".*

Autossuficiência (comportamento masculino neutro e não utilizado): *"Autossuficiência é arrogância".*

Prestatividade (comportamento feminino aflorado com foco na masculinidade em competitividade): *"Nunca gostei de trabalhar, pois quem gosta de trabalhar não trabalha sequer um dia. Quanto mais prestativo você é, mais recebe prestatividade de volta, é uma via de mão dupla.*

Por incrível que pareça, também sou pragmático, não olho tanto o longo prazo. Então trabalho duro, sou prestativo, porque, se eu não fizer, alguém vai fazer no meu lugar!"

Carinho (comportamento feminino aflorado): *"As pessoas acham que só porque estão em ambiente corporativo, não podem falar de amor, e isso é um grande erro. Carinho tem valor, precisamos cuidar do relacionamento e a melhor maneira de fazer isso é olhar para as pessoas e não para as posições, pois elas são transitórias, as pessoas não!"*

Autoconfiança (comportamento masculino aflorado com foco em pessoas – feminino): *"Pessoas autoconfiantes rendem muito mais. A autoconfiança está extremamente ligada a alguém confiar em você. Novamente uma via de mão dupla.*

Quando as pessoas confiam em você, você pode dizer passa a bola para mim; desta forma você transmite capacidade e confiança.

Qualquer comportamento do líder influencia a equipe. Se você tem empatia com as pessoas, no meu caso, o time se arrisca mais porque confia em mim. Eu valorizo o "Não sei", "eu errei", e para isso preciso de muita autoconfiança.

Eu não aceito falta de sinceridade, irresponsabilidade. Todo mundo erra o tempo todo, porém as pessoas têm duas formas de consertar isso: ou esconde o erro porque não confia ou passa a ter autoconfiança para admitir o erro.

Toda vez que você fala para a pessoa: Me ajude, você ganha a pessoa para a vida toda, é um compromisso de lealdade. Porém, só devemos pedir ajuda quando realmente precisamos dela. É melhor ser prestativo do que pedir ajuda.

Conselho: Cuidado para isso não virar petulância!"

Gentileza (comportamento feminino aflorado): *"A gentileza tem a ver com gratidão. As pessoas tendem a ficar chateadas se você for injusto ou falso, mas ser gentil não significa ser bajulador, mas tratar de forma justa e educada.*

Eu costumo dizer que é importante cuidar para não maltratar as pessoas, mesmo que sem querer. Sou gentil, mas não tolero ingratidão. Nestes casos eu prefiro abandonar o outro. Não há dor maior que o abandono por alguém que você sabe que é apaixonado por gente.

Algumas vezes já passei do ponto, mas pedi desculpas. Nunca altero a voz. Alterar a voz não me levou a nada. O maior esporro na vida foi quando um chefe me chamou e em um tom baixo me perguntou: Por que você fez isso?

Para mim a gentileza é fundamental".

Compassividade (comportamento feminino aflorado): *"Se colocar no lugar dos outros, para mim, é até mais importante nos negócios do que na liderança em si. O grande erro vem da incapacidade das pessoas de olhar o outro.*

Para mim, MKT e RH são semelhantes, pois tratam do comportamento alheio. Nos negócios você pode até aproveitar oportunidades. Quando você faz negócio, você se autorrealiza e acaba ficando bem. Mas quando cuida de gente, acaba lidando com sentimentos e se perde por falta de capacidade de se colocar no lugar das pessoas.

Exemplo: Teve uma época em que os bancos compraram as financeiras para aumentar suas carteiras de clientes, mas o que eles não perceberam é que, ao se colocar no lugar do cliente, tudo o que ele queria era pagar as prestações e deixar de ser cliente! Seria o mesmo que tentar fidelizar clientes (pacientes) em hospitais. Como assim? Na verdade, temos que ser compassivos e realizar o sonho das pessoas em deixar de ser clientes.

Sou compassivo o tempo todo, não é um trabalho voluntário, é uma troca. Eu me realizo em entender as pessoas e colho ótimos resultados disso.

Conselho: Compassividade é fundamental para se dar bem, e brincando diz: Vamos deixar de ser egoístas e pensar mais em nós mesmos!"

Foco em pessoas (comportamento feminino aflorado): *"Não existe empresa alguma sem pessoas, e se você não cuida das pessoas, elas não vão cuidar de você. O resultado do meu foco em pessoas é que, mesmo quando perco o emprego, as pessoas continuam me procurando por quem eu sou e não pelo que eu represento.*

Percebemos através do depoimento acima que Leonel valida o comportamento andrógino em liderança, agregando valores humanos pelas organizações que passa.

Abaixo seguem algumas colocações dele sobre legado, sucesso e ressonância de sua liderança no ambiente corporativo.

Ao que se deve o seu sucesso de hoje?

"Cuidar das pessoas e ter o coração grato pelo aprendizado das pessoas que passam pelo meu caminho."

O seu comportamento andrógino é reconhecido no ambiente corporativo?

"Eu não sei se a organização em si reconhece, mas as pessoas que trabalham comigo reconhecem e estão buscando isso. Muitas vezes na minha vida eu fui mais querido que o meu chefe. Eu tive chefes que tinham muito autoconfiança e que sabiam usar meu carisma... Como eu sempre gostei de jogar "na bola", sempre cuidei dos meus chefes, tenho muita gratidão por todos eles.

Tem que ter autoconfiança, porque tem gente que não gosta de bons líderes porque acabam expondo o lado fraco do chefe imediato.

Sempre me dei bem com chefes autoconfiantes, mas muito mal com aqueles que não aceitavam e me criticavam pelo meu lado forte em relacionamento com pessoas. Quando isso acontecia, eu ia embora! Uma vez fiquei pelas pessoas, e passei do ponto, acabei me dando mal.

Precisamos ter humildade para perceber quando temos que deixar o barco! Para tudo tem um tempo. Na verdade, tem gente que sabe ser mau e tem gente que é do mau.

No meu caso, já demiti pessoas muito boas. Inclusive capazes e corretas, mas sempre olhando nos olhos ao falar sobre a decisão que estava tomando. Em muitos casos eu trabalhei pelo desenvolvimento e ajudei em recolocações. Uso a relação humana na demissão.

Outro ponto interessante é se conscientizar que as fofocas existem nas organizações, as pessoas vivem fofocando e você precisa estar consciente que também estão fofocando de você. Isso também é relacionamento..."

Como seu comportamento ressoa nas organizações?

"*Ele ressoa na capacidade das pessoas serem bem-empregadas, cada vez melhor, porque perceberam que com gratidão tudo é mais fluido.*

A melhor coisa do mundo é poder ajudar as pessoas a se sentirem capazes de mudar de empresa simplesmente porque querem.

Eu tenho muita satisfação em reencontrar pessoas que trabalharam comigo e ver que elas estão muito melhores e muito mais realizadas."

Qual a sua percepção sobre o que você deixa por onde passa?

"*Meu grande desafio é saber ajudar a ser substituído de forma adequada. Como eu gosto de pessoas, ao sair eu quero que elas continuem felizes.*

Eu deixo para as organizações: Bom humor, alegria, emoção, gratidão e prazer em desenvolver o próximo através do exemplo.

O meu grande lema é que quero ver as pessoas cada vez melhores."

Eis aqui um convite para que você se inspire em Leonel e perceba que é possível desenvolver uma liderança andrógina natural ou consciente.

O que fica aqui é um convite, simplesmente um convite ao comportamento andrógino rumo à humanização das relações nas organizações.

Um breve descritivo deste líder em suas próprias palavras:

Antes de trabalhar no banco fui escoteiro, jogador de basquete, garçom, professor de Matemática em Ensino Médio e estagiário de engenharia. Amei fazer tudo isso, mas o dinheiro não vinha, então tive que buscar um trabalho com alguma remuneração e perspectiva melhor.

Banco Nacional: de mar./87 a abr./96
Iniciei a carreira como subgerente e fui ocupando diversas posições no varejo até chegar a diretor de vendas do Cartão Nacional Visa nos últimos dois anos.

• Visa do Brasil: de mai./96 a dez./98
Fui diretor executivo de negócios, responsável pela relação com os bancos no Brasil. Nesse período a Visa assumiu a liderança de cartões no mercado brasileiro, posição que ocupa até hoje.

Losango: de jan./99 a mai./06
Até julho de 2004 fui o diretor executivo comercial e MKT e de ago./04 até a saída da empresa fui o CEO. Nesse período a Losango se transformou na maior financeira do Brasil. A empresa era do HSBC e eu fazia parte do *board* do banco no Brasil.

Credicard/Citibank: de set./06 a nov./12
Fui presidente da Credicard e *head de consumer* do Citibank no Brasil.

Smiles: desde fev./13
CEO da Smiles e presidente do Conselho de Administração da Netpoints S.A.

Outras atividades paralelas:
Membro do Conselho de Administração Redecard S/A.: 2009.

Presidente do Conselho de Administração da Elavon do Brasil S/A: 2010 a 2012.

Membro do Board da America Latina da Mastercard: 2008 a 2012.

Membro do *Global Board* do Diners Club International: 2010 a 2012.

Formação em Engenharia Civil e em História, especialização em Administração e MKT pelo Ibmec. Também fiz o programa de gestão avançada da Fundação Dom Cabral e Insead.

Futuro desenvolvedor de pessoas em tempo integral!

Referências

ADLER, N.J. (1986). *International Dimensions of Organizational Behaviour.* Boston, MA: Kent.

ADLER, S. et al. (1993). *Managing Women:* Feminism and Power in Educational Management. Buckingham: Open University Press.

ARCHER, J. (1996). "Sex differences in social behaviour: Are the social role and evolutionary explanations compatible?" *American Psychologist*, 51 (9), p. 909-917.

ATWATER, L. & ROUSH, P. (1994). "An investigation of gender effects on followers' ratings of leader, leaders' self-ratings and reactions to feedback". *Journal of Leadership Studies*, 1 (4), p. 37-52.

AVOLIO, B.J. et al. (2003). "Leadership models, methods, and applications". *Handbook of Psychology* – Industrial and Organizational Psychology, 12 (1), p. 277-307.

BABIN, B.J. & BOLES, J.S. (1996). "The effects of perceived co-worker involvement and supervisor support on service provider role stress, performance and job satisfaction". *Journal of Retailing*, 72 (1), p. 57-75.

BAKAN, D. (1966). *The Duality of Human Existence*. Boston: Beacon Press.

BARRICK, M.R. et al. (2002). "Personality and job performance – Test of the mediating effects of motivation among: sales representatives. *Journal of Applied Psychology*, 87 (1), p. 43-51.

BASS, B.M. (1985). *Leadership and performance beyond expectations*. Nova York: Free Press.

_____. (1967). "Social behaviour and the orientation inventory". *A Review Psychological Bulletin*, 68 (4), p. 260-292.

BASS, B.M.; AVOLIO, B.J. & ATWATER, L. (1996). "The transformational and transactional leadership of men and women". *Applied Psychology* – An International Review, 45 (1), p. 5-34.

BASS, B.M. & AVOLIO B.J. (1994). *Organizational Effectiveness*: Through Transformational Leadership. Thousand Oaks: Sage.

BASS, B.M. & BASS, R. (2008). *The Bass handbook of leadership*: Theory, research, and managerial applications. 4. ed. Nova York, NY: Free Press.

BAXTER, J. (1974). *The Language of Female Leadership*. Hampshire: Palgrave Macmillan.

BEM, S.L. (1974). "The measurement of psychological androgyny". *Journal of Consulting and Clinical Psychology*, 42 (2), p. 155-162.

BLACKMORE J. (1999). *Troubling women*: Feminism, leadership and educational change. Buckingham: Open University Press.

_____. (1989). *Educational Leadership*: a Feminist critique and reconstruction. Londres: The Falmer Press.

BLAKE, R. & MOUTON, J. (1985). *The Managerial Grid III*. Houston, TX: Gulf.

BLANCHARD, K.H. & SARGENT, A.G. (1984). "The one minute manager is an androgynous manager". *Training and Development Journal*, 38 (5), p. 83-85.

BOURGEOIS, T. (2006). *The Hybrid Leader*: Blending the Best of the Male and Female Leadership Styles. Nova York: Midpoint Trade Books.

BOWERS, D.G. & SEASHORE, S.E. (1966). "Predicting organizational effectiveness with a four-factor theory of leadership". *Administrative Science Quarterly*, 11 (2), p. 238-263.

BRENNER, O.C. (1989). "The Relationship between sex roles stereotypes and requisite management characteristics revisited". *Academy of Management Journal*, 32 (1), p. 662-669.

BUCHHOLZ, S. & ROTH, T. (1987). *Creating the High Performance Team*. Londres: John Wiley & Sons.

BUSH, T. (2003). *Theories of Educational Leadership & Management*. 4. ed. Londres: Sage.

CALDAS, M.P. & WOOD, T. (2007). *Comportamento organizacional*: uma perspectiva brasileira. São Paulo: Atlas.

CANN, A. & SIEGFRIED, W.D. (1990). "Gender stereotypes and dimensions of effective leader behaviour". *Sex Roles*, 23 (1), p. 413-419.

_____. "Sex stereotypes and the leadership role". *Sex Roles*, 17 (7), p. 401-408.

CARLI, L. (1999). "Gender, Interpersonal Power, and Social Influence". *Journal of Social Issues*, 55 (1), p. 81-99.

CATALYST, I. (2001). *Cracking the Glass Ceiling:* Catalyst's Research on Women in Corporate Management, 1995-2000. Nova York: Catalyst.

CELLAR, D.; SIDLE, S.; GOUDY, K. & O'BRIEN, D. (2001). "Effects of Leader Style, Leader Sex and Subordinate Personality on Leader Evaluations and Future Subordinate Motivation". *Journal of Business and Psychology*, 16 (1), p. 61-72.

CHAPPLE, S. (2010). *Leading High Performance Team*. Nova York: Lulu.com publisher.

CHARMAZ, K. (2006). *Constructing Grounded Theory*: A Practical Guide Through Qualitative Analysis. Thousand Oaks: Sage.

CHEN, G.; GULLY, S.M.; WHITEMAN, J.A. & KILCULLEN, R.N. (2000). "Examination of relationships among trait-like individual differences, state-like individual differences, and learning performance". *Journal of Applied Psychology*, 85 (6), p. 835-847.

CHILDRESS, J.R. (1999). *The Secret of a Winning Culture*: Building High Performance Team. Houston: Leadership.

CHUSMIAR, L.H. & PARKER, B. (1991). "Gender and situational differences in managers' value: a look at work and home lives". *Journal of Business Research*, 23 (4), p. 325-335.

COLEMAN, M. (2000). "The Female Secondary Head teacher in England and Wales: Leadership and Management Styles". *Educational Research*, 42 (1), p. 13-27.

_____. (1996). "The Management Style of Female Head teachers". *Educational Management and Administration*, 14 (2), p. 163-174.

CONGER, J.A. & KANUNGO, R.N. (1998). *Charismatic leadership in organizations*. Thousand Oaks, CA: Sage.

COOK, E.P. (1985). *Psychological Androgyny*. Nova York, NY: Pergamon.

COOK, S. (2009). *Building a High Performance Team*. United Kingdom: IT Governance Publishing.

COVEY, S.R. (2004). *The Seven Habits of Highly Effective People*. Londres: Simon & Schuster.

DAEWOO PARK (1997). "Androgynous leadership style: an integration rather than a polarization". *Leadership & Organization Development Journal, 18 (3), p. 166-171.

DAVIES, B. (2010). "The Essentials of School Leadership". School Leadership and Management, 30 (2), p. 191-193.

DENMARK, F. (1993). "Women, Leadership and Empowerment". Psychology of Women Quarterly, 17 (3), p. 343-356.

DENMARK, F.L. (1977). "Styles of Leadership". Psychology of Women Quarterly, 2 (1), p. 99-113.

DENZIN, N.K. & LINCOLN, Y.S. (1994) (orgs.). Handbook of Qualitative Research. Thousand Oaks, CA: Sage.

DERUE, D.S. et al. (2011). "Trait and behavioural theories of leadership: An integration and meta-analytic test of their relative validity". Personnel Psychology, 4 (1), p. 7-52.

DIEKMAN, A.B. & EAGLY, A.H. (2000). "Stereotypes as dynamic constructs: Women and men of the past, present, and future". Personality and Social Psychology Bulletin, 26 (10), p. 1.171-1.188.

DIEKMAN, A.B.; GOODFRIEND, W. & GOODWIN, S. (2004). "Dynamic stereotypes of power: Perceived change and stability in gender hierarchies". Sex Roles, 50 (3), p. 201-215.

DOBBINS, G.H. (1986). "Equity vs. equality: sex differences in leadership". Sex Roles, 15 (9), p. 513-525.

EAGLY, A.H. (2007). "Female Leadership Advantage and disadvantage: Resolving the contradictions". *Psychology of Women Quarterly*, 31 (1), p. 1-12.

_____ (1997). "Sex differences in social behaviour: Comparing social role theory and evolutionary psychology". *American Psychologist*, 52 (12), p. 1.380-1.383.

_____ (1995). "The science and politics of comparing women and men". *American Psychologist*, 50 (3), p. 145-158.

EAGLY, A.H. & CARLI, L.L. (2003). "The Female Leadership Advantage: An Evaluation of the Evidence". *Leadership Quarterly*, 14 (6), p. 807-835.

_____ (1981). "Sex of researchers and sex-typed communications as determinants of sex differences in influence ability: A meta-analysis of social influence studies". *Psychological Bulletin*, 90 (1), p. 1-20.

EAGLY, A.H. & JOHNSON, B.T. (1990). "Gender and leadership style: A meta-analysis". *Psychological Bulletin*, 108 (2), p. 233-256.

EAGLY, A.H. & KARAU, S. (2002). "Role Congruity Theory of Prejudice Toward Female Leaders". *Psychological Review*, 109 (3), p. 573-598.

_____ "Gender and the emergence of leaders: A meta-analysis". *Journal of Personality and Social Psychology*, 60 (5), p. 685-710.

EAGLY, A.H. & KITE, M.E. (1987). "Are stereotypes of nationalities applied to both women and men?"

Journal of Personality and Social Psychology, 53 (3), p. 451-462.

EAGLY, A. & STEFFEN, V.J. (1986). "Gender and aggressive behaviour: A meta-analytic review of the social psychological literature". *Psychological Bulletin*, 100 (3), p. 309-330.

EAGLY, A.H. et al. (2003). "Transformational, transactional, and laissez-faire leadership styles: A meta-analysis comparing women and men". *Psychological Bulletin*, 129 (4), p. 569-591.

_____ (2000). "Social role theory of sex differences and similarities: A current appraisal". In: ECKES, T. & TRAUTNER, H.M. (Org.). *The developmental social psychology of gender*. Mahwah, NJ: Erlbaum, p. 123-174.

_____ (1995). "Gender and the effectiveness of leaders: A meta-analysis". *Journal of Personality and Social Psychology*, 117 (1), p.125-145.

_____ (1992a). "Gender and Leadership Style among School Principals: a meta-analysis". *Education Administration Quarterly*, 28 (1), p. 76-102.

_____ (1992b). "Gender and the evaluation of leaders: A meta-analysis". *Psychological Bulletin*, 111 (1), p. 3-22.

EALES-WHITE, R. (2003). *The Effective Leader (Creating Success)*. Londres: Kogan Page.

ECKES, T. (2002). "Paternalistic and envious gender stereotypes: testing predictions from the Stereotype Content Model". *Sex Roles*, 47 (3), p. 99-114.

ECKES, T. & TRAUTNER, H.M. (2000). *The developmental social psychology of gender*. Mahwah, NJ: Erlbaum, p. 123-174.

ENTRIALGO, M. et al. (2000). "Characteristics of Managers as Determinants of Entrepreneurial Orientation". *Enterprise & Innovation Management Studies*, 1 (2), p. 187-195.

FEINGOLD, A. (1994). "Gender differences in Personality: A meta-analysis". *Psychological Bulletin*, 116 (3), p. 429-456.

FERRARIO, M. (1994). *Women as Managerial Leaders*. Londres: Paul Chapman.

FISKE, S.T. et al. (2002). "A Model of Stereotype Content: Competence and Warmth Respectively Follow From Perceived Status and Competition". *Journal of Personality and Social Psychology*, 82 (6), p. 878-902.

FRANKE, G.R. et al. (1997). "Gender differences in ethical perceptions of business practices: A social role theory perspective". *Journal of Applied Psychology*, 82 (6), p. 920-934.

FUEGEN, K. et al. (2004). "Mothers and fathers in the workplace: How gender and parental status influence judgments of job-related competence". *Journal of Social Issues*, 60 (4), p. 737-754.

GERBER, G.L. (1988). "Leadership role and gender stereotype traits". *Sex Roles*, 18 (11), p. 649-668.

GLASER, B. (1992). *Basics of Grounded Theory Analysis*. [s.l.]: Mill Valley Sociology Press.

GOKTEPE, J.R. & SCHNEIER, C.E. (1988). "Sex and Gender Effects in Evaluating Emergent Leaders in Small Groups". *Sex Roles*, 19 (1) p. 29-35.

GOLD, A. (1996). "Women into Educational Management". *European Journal of Education*, 31 (4), p. 419-433.

GRAY, H.L. (1989). "Gender Considerations in School Management: Masculine and Feminine Leadership Styles". In: RICHES, C. & MORGAN, C. *Human Resource Management in Education.* Londres: Open University Press.

GUIMOND, S. (2008). "Psychological similarities and differences between women and men across cultures". *Social and Personality Psychology Compass*, 2 (1), p. 494-510.

GUNTER, H.M. (2004). "Labels and Labelling in the Field of Educational Leadership". *Discourse*, 25 (1), p. 21-41.

GUNTER, H.M. & FORRESTER, G. (2008). "New Labour and School Leadership 1997-2007". *British Journal of Educational Studies*, 55 (2), p. 144-162.

GURMAN, E.B. & LONG, K. (1991). "Emergent Leadership and Female Sex Role Identity". *The Journal of Psychology*, 126 (3), p. 309-316.

HACKMAN, M.Z. et al. (1993). "Leaders' gender-role as a correlate of subordinates' perceptions of effectiveness and satisfaction". *Perceptual and Motor Skills*, 77 (2), p. 671-674.

_____ (1992). "Perceptions of gender-role characteristics and transformational and transactional leadership behaviours". *Perceptual and Motor Skill*, 75 (1), p. 311-319.

HALL, V. (1996). *Dancing on the Ceiling*: A study of women managers in education. Londres: Paul Chapman.

HEILMAN, M.E. (2001). "Description and prescription: How gender stereotypes prevent women's ascent up the organizational ladder". *Journal of Social Issues*, 57 (4), p. 657-674.

_____ (1995). "Sex stereotypes and their effects in the workplace: What we know and what we don't know". *Journal of Social Behaviour and Personality*, 10 (6), p. 3-26.

_____ (1983). "Sex bias in work settings: The lack of fit model. In: STAW, B. & CUMMINGS, L. *Research in Organizational Behaviour*, 5, p. 269-298.

HEILMAN, M.E. & OKIMOTO, T.G. (2008). "Motherhood: A potential source of bias in employment decisions". *Journal of Applied Psychology*, 93 (1), p. 189-198.

_____ (2007). "Why are women penalized for success at male tasks? The implied communality deficit". *Journal of Applied Psychology*, 92 (1), p. 81-92.

HEILMAN, M.E. et al. (2004). "Penalties for success: Reactions to women who succeed at male gender-typed tasks". *Journal of Applied Psychology*, 89 (3), p. 416-427.

_____ (1995). "Sex stereotypes: Do they influence perceptions of managers?" *Journal of Social Behaviour and Personality*, 10 (6), p. 237-252.

_____ (1989). "Has anything changed?: Current characterizations of men, women, and managers". *Journal of Applied Psychology*, 74 (6), p. 935-942.

HELGESEN, S. (1995). *The Female Advantage: Women's Ways of Leadership*. Nova York: Doubleday Bell Publishing Group.

HILL, M.S. & RAGLAND, J.C. (1995). *Women as Educational Leaders*: Opening Windows, Pushing Ceilings. Thousand Oaks: Corwin Press.

HOGAN, R. (1996). "A socioanalytic perspective on the five-factor model". In: WIGGINS, J.S. (org.). *The five-factor model of personality*. Nova York: Guilford Press, p. 163-179.

_____ (1983). "A socioanalytic theory of personality". In: PAGE, M. (org.). *1982 Nebraska symposium on motivation*. Lincoln, NE: University of Nebraska Press, p. 55-89.

HOLLANDER, E.P. (1992). "Leadership, followership, self, and others". *The Leadership Quarterly*, 3 (1), p. 43-54.

HOOBLER, J.M. et al. (2009). "Bosses' perceptions of family-work conflict and women's promotability: Glass ceiling effects". *Academy of Management Journal*, 52 (5), p. 939-957.

HOUSE, R.J. (1971). "A path-goal theory of leader effectiveness". *Administrative Science Quarterly*, 16 (3), p. 321-338.

HOUSE, R.J. & ADITYA, R.N. (1997). "The social scientific study of leadership: Quo-vadis?" *Journal of Management*, 23 (3), p. 409-473.

HUGHES, R.L.; GINNETT, R.C. & CURPHY, G.J. (1996). *Leadership*. Boston. Irwin/McGraw-Hill.

INDERLIED, S.D. & POWELL, G. (1979). "Sex-role identity and leadership style: different labels for the same concept?" *Sex Roles*, 5 (5), p. 613-625.

JACOBSON, M.B. & EFFERTZ, I. (1974). "Sex roles and leadership, perceptions of the leaders and the led". *Organizational Behaviour and Human Performance*, 12 (3), p. 383-396.

JAGO, A.G. & VROOM, V.H. (1982). "Sex differences in the incidence and evaluation of participative leader behaviour". *Journal of Applied Psychology*, 67 (6), p. 776-783.

JENSEN, T.D. et al. (1990). "Impact of gender, hierarchical position, and leadership styles on work-related values". *Journal of Business Research*, 20 (2), p. 145-152.

JOHNSON, A.M. et al. (2004). "A behaviour genetic investigation of the relationship between leadership and personality". *Twin Research*, 7 (1), p. 27-32.

JONES, J. (2004). *Management Skills in Schools*. Londres: Sage.

KANTER, R.M.K. (1993). *Men and Women of the Corporation*. Nova York: Basic Books.

KAPLAN, A.G. & SEDNEY, M.A. (1980). P*sychology and Sex Roles*: An Androgynous Perspective. Boston: Little, Brown and Company.

KAPLAN, O.A. & LESLIE S. (2011). *Leadership and Organizational Behaviour in Education*: Theory into Practice. Boston, MA: Ally & Bacon.

KIDD, N. et al. (2003). *Leading People and Teams in education*. Londres: Paulo Chapman.

KLENKE, K. (2011). *Womanin Leadership*: Contextual Dynamics and Boundaries. United Kingdom: Emerald Group.

KOENIG, A.M. et al. (2011). "Are Leader Stereotypes Masculine? A Meta-Analysis of Three Research Paradigms". *Psychological Bulletin*, 137 (4), p. 616-642.

KOHLBERG, L. (1966). "A cognitive-developmental analysis of children's sex-role concepts and attitudes". In: MACCOBY, E.E. (org.). *The Development of Sex Differences*. Stanford, CA: Stanford University Press, p. 189-191.

KORABIK, K. (1982). "Sex-role orientation and leadership style". *International Journal of Women's Studies*, 5 (4), p. 329-337.

KOTTER, J.P. (1996). *Leading Change*. Harvard: Harvard Business School Press.

KOUZES & POSNER (2007). *The Leadership Challenge*. 4. ed. São Francisco: John Wiley & Sons.

KRUGER, M.L. (1996). "Gender Issues in School Headship: quality versus power?" *European Journal of Education*, 31 (4), p. 447-461.

LANDSBERG, M. (2003). *The tools of Leadership*: Vision, Inspiration, Momentum. Londres: Profile Books.

LEE, D. & TSANG, E. (2001). "The effects of entrepreneurial personality background and network activities on Venture Growth". *Journal of Managerial Studies*, 38 (4), p. 583-602.

MANDELLI, P. *Muito além da hierarquia*. São Paulo: Gente, 2010.

MANNING, T. & ROBERTSON, B. (2010). "Seniority and Gender Differences in 360 – Degree Assessments of Influencing, Leadership and Team behaviours – Part 2: Genders Differences, Conclusions and Implications". *Industrial & Commercial Training*, 42 (4), p. 211-219.

McCLELLAND, D. (1983). *Human Motivation*. Nova York: Addison-Wesley.

_____ (1965). "Need achievement and entrepreneurship: a longitudinal study". *Journal of Personality and Social Psychology*, 1 (4), p. 389-392.

MEINDL, J.R. et al. (1985). "The romance of leadership". *Administrative Science Quarterly*, 30 (1), p. 78-102.

MELERO, E. (2004). "Are Workplaces with Many Women in Management run Differently?". *Journal of Business Research*, 64 (4), p. 385-393.

MOHR, G. & WOLFRAM, H. (2008). "Leadership and Effectiveness in the Context of Gender: The Role of Leaders' Verbal Behaviour". *British Journal of Management*, 19 (1), p. 4-16.

MURPHY, E.F. et al. (1995). "Sex stereotypes: an artefact in leader behaviour and subordinate satisfaction analysis". *Academy of Management Journal*, 19 (3), p. 439-449.

MURRAY, P.A. & SYED, J. (2010). "Gendered Observations and Experiences in Executive Women's Work". *Human Resources Management Journal*, 20 (3), p. 277-293.

NGUYEN, N.T. et al. (1990). "Moral issues and gender differences in ethical judgment using Reidenbach and Robin's. Multidimensional Ethics Scale: Implications in teaching of business ethics". *Journal of Business Ethics*, 77 (4), p. 417-430.

NORTHOUSE, P.G. (2010). *Leadership* – Theory and Practice. 5. ed. Londres: Sage.

OUSTON, J. (1993). *Women in Education Management*. Harlow: Longman.

OWENS, R.E. & VALESKY, T.C. (2006). *Organizational Behaviour in Education*. Boston: Allyn and Bacon.

PANTON, M.Q. (2002). "Two Decades of Developments in Qualitative Inquiry: A Personal, Experiential Perspective". *Qualitative Social Work*, 1 (3), p. 261-283.

POUNDER, J.S. & COLEMAN, M. (2002). "Women – Better leaders than men? In general and educational management it still all depends". *Leadership and Organization Development Journal*, 23 (1), p. 122-133.

POWELL, G.N. (1993). *Women and men in management*. 2. ed. Newbury Park, CA: Sage.

_____ (1982). "Sex Role Identity and sex: an Important Distinction for Research on women in management". *Basic and Applied Social Psychology*, 3 (1), p. 67-79.

POWEL, G.N. et al. (2002). "Gender and Management Stereotypes: Have the Time Changed?" *Journal of Management*, 28 (2), p. 177-193.

ROBINSON, J.L. & LIPMAN-BLUMEN, J. (2003). "Leadership Behaviour of Male and Female Managers". *Journal of Education for Business*, 79 (1), p. 28-33.

ROSEN, B. & JERDEE, T.H. (1973). "The influence of sex-role stereotypes on evaluation of male and female supervisory behaviour". *Journal of Applied Psychology*, 57 (1), p. 44-48.

ROSENER, J.B. (1990). "Ways Women Lead". *Harvard Business Review*, 68 (6), p. 119-125.

ROSETTE, A.S. & TOST, L.P. (2010). "Agentic Women and Communal Leadership: How Role Prescriptions Confer Advantage to top Woman Leaders". *Journal of Applied Psychology*, 95 (2), p. 221-235.

ROWLEY, S. (2010). "Leadership Through a Gender Lens: How Cultural Environments and Theoretical Perspectives Interact with Gender". *International Journal of Public Administration*, 33 (2), p. 81-87.

RUBIN, L. (1985). *Just friends*: The role of friendship in our lives. Nova York: Harper & Row.

RUDMAN, L.A. (1998). "Self-promotion as a risk factor for women: The costs and benefits of counters tereotypical impression management". *Journal of Personality and Social Psychology*, 74 (3), p. 629-645.

RUDMAN, L.A. & GLICK, P. (2001). "Prescriptive gender stereotypes and backlash toward agentic women". *Journal of Social Issues*, 57 (4), p. 743-762.

SARGENT, A. (1981). *The Androgynous Manager*. Nova York: Amacom.

SCHEIN, V.E. (1973). "The relationship between sex role stereotypes and requisite management characteristics". *Journal of Applied Psychology*, 57 (2), p. 95-100.

SCHNEIER, C.E. et al. (1980). "Sex effects in emergent leadership". *Journal of Applied Psychology*, 65 (3), p. 341-345.

SHAKESHAFT, C. (1995). "Gender Leadership style in Educational Organizations". In: LIMERICK, B. & LINGARD, B. *Gender and Changing Educational Management*. Rydalmere: Hodder Education.

TANURE, B. (2010). *Gestão à brasileira*: Uma comparação entre América Latina, Estados Unidos, Europa e Ásia. São Paulo: Atlas.

TERRE BLANCHE, M. et al. (1999). *Research in Practice:* Applied Methods for the Social Sciences. Cape Town: Juta Legal/Academic Publishers.

VECCHIO, R.P. (2003). "In Search of Gender Advantage". *Leadership Quarterly*, 14 (1), p. 835-850.

_____ (2002). "Leadership and gender advantage". *The Leadership Quarterly*, 13 (6), p. 643-671.

VESSER, M. (2011). *The Female Leadership Paradox*: Power, Performance and Promotion. Hampshire: Palgrave Macmillan.

WEST, T.V. et al. (2012). "Building blocks of bias: Gender composition predicts male and female group members' evaluations of each other and the group". *Journal of Experimental Social Psychology*, 48 (5), p. 1.209-1.212.

WIEDERMAN, M.W. & ALLGEIER, E.R. (1992). "Gender differences in mate selection criteria: Sociobiological or socioeconomic explanation?" *Ethology and Sociobiology*, 13 (2), p. 115-124.

WILEY, M.G. & ESKILSON, A. (1985). "Speech style, gender stereotypes, and corporate success: What if women talk more like men?" *Sex Roles,*12 (9), p. 993-1.007.

WILLIAMS, C.L. (1989). *Gender differences at work*: Women and men in non-traditional occupations. Berkeley: University of California Press.

WILLIAMS, J.E. & BEST, D. (1982). *Measuring sex stereotypes*: A thirty-nation study. Beverly Hills, CA: Sage.

WRIGHT, P.H. (1988). "Interpreting research on gender differences in friendship: A case for moderation and a plea for caution". *Journal of Social and Personal Relationships*, 5 (3), p. 367-373.

YODER, J.D. (2001). "Making Leadership work more effectively for women". *Journal of Social Issues*, 57 (4), p. 815-828.

YUKL, G.A. (2009). *Outlines and Highlights for Leadership in Organization*. Oxford: Academic International Publishers.

_____ (2002). *Leadership in Organizations*. United Kingdom: Rotledge.

_____ (1999). "An Evaluation of Conceptual Weakness in Transformational and Charismatic Leadership Theories". *Leadership Quarterly*, 10 (1), p. 285-305.

ZICKY, S. (2001). *Woman and the Leadership Q*: revealing the four paths to influence and power. Nova York: McGraw-Hill.

EDITORA VOZES

Editorial

CULTURAL
Administração
Antropologia
Biografias
Comunicação
Dinâmicas e Jogos
Ecologia e Meio Ambiente
Educação e Pedagogia
Filosofia
História
Letras e Literatura
Obras de referência
Política
Psicologia
Saúde e Nutrição
Serviço Social e Trabalho
Sociologia

CATEQUÉTICO PASTORAL
Catequese
Geral
Crisma
Primeira Eucaristia

Pastoral
Geral
Sacramental
Familiar
Social
Ensino Religioso Escolar

TEOLÓGICO ESPIRITUAL
Biografias
Devocionários
Espiritualidade e Mística
Espiritualidade Mariana
Franciscanismo
Autoconhecimento
Liturgia
Obras de referência
Sagrada Escritura e Livros Apócrifos

Teologia
Bíblica
Histórica
Prática
Sistemática

REVISTAS
Concilium
Estudos Bíblicos
Grande Sinal
REB (Revista Eclesiástica Brasileira)
SEDOC (Serviço de Documentação)

VOZES NOBILIS
Uma linha editorial especial, com importantes autores, alto valor agregado e qualidade superior.

VOZES DE BOLSO
Obras clássicas de Ciências Humanas em formato de bolso.

PRODUTOS SAZONAIS
Folhinha do Sagrado Coração de Jesus
Calendário de Mesa do Sagrado Coração de Jesus
Agenda do Sagrado Coração de Jesus
Almanaque Santo Antônio
Agendinha
Diário Vozes
Meditações para o dia a dia
Encontro diário com Deus
Dia a dia com Deus
Guia Litúrgico

CADASTRE-SE
www.vozes.com.br

EDITORA VOZES LTDA.
Rua Frei Luís, 100 – Centro – Cep 25689-900 – Petrópolis, RJ
Tel.: (24) 2233-9000 – Fax: (24) 2231-4676 – E-mail: vendas@vozes.com.br

UNIDADES NO BRASIL: Belo Horizonte, MG – Brasília, DF – Campinas, SP – Cuiabá, MT
Curitiba, PR – Florianópolis, SC – Fortaleza, CE – Goiânia, GO – Juiz de Fora, MG
Manaus, AM – Petrópolis, RJ – Porto Alegre, RS – Recife, PE – Rio de Janeiro, RJ
Salvador, BA – São Paulo, SP